나라다의 박티 수트라
사랑의 길

나라다의 박티 수트라
사랑의 길

초판발행 2025년 4월 1일

지 은 이 스와미 프라바바난다
옮 긴 이 김병채(크리슈나다스)

펴 낸 이 황정선
출판등록 2003년 7월 7일 제62호
펴 낸 곳 슈리 크리슈나다스 아쉬람
주   소 경상남도 창원시 의창구 북면 신리길 35번길 12-9
대표전화 (055) 299-1399
팩시밀리 (055) 299-1373

전자우편 krishnadass@hanmail.net
카   페 cafe.daum.net/Krishnadas

ISBN 978-89-91596-14-6 (03270)

* 이 책의 한국어판 저작권은 EYA Co., Ltd를 통해 VEDANTA PRESS와 독점 계약한 슈리 크리슈나다스 아쉬람이
  소유합니다. 저작권법에 의하여 한국 내에서 보호를 받는 저작물이므로 무단 전재 및 복제를 금합니다.
* 잘못 만들어진 책은 바꾸어 드립니다.

나라다의 박티 수트라
사랑의 길

스와미 프라바바난다 저
김병채(크리슈나다스) 옮김

 슈리 크리슈나다스 아쉬람

저자의 글

저자 스와미 프라바바난다 (1893. 12. 26- 1976. 7. 4)

그는 스와미 비베카난다가 세기의 전환기에 시작한 작업을 이어나가기 위해 라마크리슈나의 직계 제자들이 미국으로 파견한 선구적인 스와미 중 한 명이다.

스와미는 1893년 12월 26일 인도에서 태어났다. 1914년 캘커타 대학을 졸업한 후 그는 인도 라마크리슈나 교단에 가입했고, 슈리 라마크리슈나의 직계 제자였던 스와미 브람마난다에 의하여 입문했다.

1923년 스와미 프라바바난다는 미국으로 왔다. 샌프란시스코 베단타 협회의 부사제로 2년을 보낸 후, 포틀랜드 베단타 협회를 설립했다. 1929년 12월, 그는 로스앤젤레스로 가서 이듬해 남부 캘리포니아 베단타 협회를 설립했다.

스와미의 유능한 보살핌 아래, 이 협회는 서양에서 가장 큰 베단타 협회 중 하나로 성장했으며, 할리우드와 트라부코 캐넌에 수도원이, 할리우드와 산타바바라에 수녀원이 있었다.

스와미 프라바바난다는 문학가이자 신의 사람이었다. 그는 인도의 영적 고전을 서양 독자들에게 알리고 이해하기 쉽게 만들기 위해 여러 권의 책을 쓰고 번역했다. 그는 여러 프로젝트에서 크리스토퍼 이셔우드나 프레데릭 맨체스터의 도움을 받았다. 철학과 종교에 대한 그의 포괄적인 지식은 올더스 헉슬리와 제럴드 허드와 같은 제자들을 끌어들였다. 바가바드 기타, 우파니샤드, 파탄잘리 요가, 베단타의 관점으로 본 산상 수훈을 포함한 그의 출판물은 오늘날까지도 관심을 끌고 사람들을 베단타 철학으로 끌어들이고 있습니다.

스와미 프라바바난다는 1976년 7월 4일, 미국 독립 200주년에 세상을 떠났다. 이 나라를 위해 자신의 삶의 많은 부분을 바친 사람에게 어울리는 날이다.

서문

스와미 프라바바난다 할리우드, 캘리포니아 1971년 1월

나는 슈리 라마크리슈나의 가르침과 그의 제자들의 삶으로부터 이 주해를 위한 영감을 얻었다. 그들 대부분과 친하게 지낸 것은 나의 축복받은 행운이었다. 나는 이 신의 사람들이 수천 년 전 나라다가 묘사한 신에 대한 지식과 사랑을 어떻게 그들 자신의 삶에서 보여주었는지를 목격했다. 그러므로 그의 가르침이 이 시대 우리에게 똑같이 유효하다는 것을 증명했다.

서론

크리스토퍼 이셔우드

나라다는 우리에게 "헌신의 길은 신을 얻는 가장 쉬운 길"이라고 말한다.

산스크리트로 박티 요가라 불리는 "헌신의 길"은 사랑을 통해 신에게 접근하는 것이다. 박타는 신을 사랑하기 위해 그리고 그에 대한 신의 사랑을 느끼기 위해 계속적으로 의식적인 노력을 한다.

이것을 위해 그는 신의 이름을 반복해서 부르고 예배 의식을 행한다. 그의 숭배를 위한 특별한 대상을 갖기 위해, 그는 신의 하나의 선택된 측면 즉 신의 여러 화신들 중 하나에 자신의 마음을 고정시킨다.

나라다는 다른 위대한 스승들처럼, 박타의 헌신이 커짐에 따라, 그가 실제로 그 자신 안에서 신을 숭배하고 있고, 그것이 자신의 진정한 성품이라는 것을 점점 더 의식하게 될 것이라고 우리에게 확신시킨다.

최고의 박티 상태에서는 숭배자와 숭배 받는 자는 하나라는 것을 깨달을 것이다.

힌두 철학에서는, 신과 하나라는 이 지식을 얻는 네 가지 방법 즉 박티 요가, 갸나 요가, 카르마 요가, 라자 요가를 말한다.

카르마 요가는 이기심 없는 행위의 길이다. 즉 개인적인 이익에 대한 욕망이

나 불쾌한 결과들에 대한 두려움 없이 행하는 행위를 통해 신에게 접근하는 것이다. 그것은 종종 동료들을 통하여 신을 섬김으로써 수련된다.

갸나 요가는 실제적인 것과 실제적이지 않은 것 사이의 분별력을 통한 접근이다. 모든 일시적 현상들이 엄격하게 분석되고 거부되었을 때, 제거의 과정에 의해 신만이 남고 알려지게 된다.

라자 요가는 집중적인 명상의 수련을 통한 접근이다.

이 셋의 요가들은 모든 사람 또는 대다수의 사람들이 소유하지 않은 자질이나 힘을 필요로 한다는 것이 분명하다.

카르마 요가는 커다란 겸손과 인내뿐만 아니라 영웅적 에너지를 요구한다. 갸나 요가는 유난히 예민한 지성을 요구한다. 라자 요가는 흔들리지 않는 감각들의 집중과 통제를 요구한다.

그것들과 비교하면 박티 요가의 수련은 훨씬 더 단순하고, 덜 엄격하며, 더 솔깃해 보인다. 게다가 우리는 특별한 에너지, 지성, 또는 집중력을 가지고 있다고 스스로 자만하지 않을 수는 있지만, 사랑에 능숙하다고 모두들 굳게 확신한다. 따라서 우리는 박티가 요가 중에서 가장 쉽다는 나라다의 말을 선뜻 받아들인다. 대부분의 경우들에서 너무나도 쉽게 말이다.

우리 대부분은 우리가 받아들이고 있는 것이 무엇인지 아는가? 나라다가 의미하는 신을 사랑하는 것이 무엇인지를 우리는 아는가? "사랑"이라는 단어를 사용하거나 잘못 사용할 때 우리 스스로가 의미하는 것이 무엇인지를 우리는 충분히 고려했는가? 우리는 진정 누군가를 사랑한 적이 있는가?

한때 일상 대화에서 유행했고 작사가들에게 인기 있었던 구절이 있다. 사랑과 사랑에 빠지다. 어른들이 십대 아이들의 감정에 대해 이야기할 때 그들은 너그러운 미소를 지으며, "오, 그녀는 사랑과 사랑에 빠진 것뿐이야, 그게 다야"라고 말하곤 했다. 그것은 문제의 그 십대가 실제로 사랑에 빠진 것이 아니라 단지 낭만적인 자기기만에 빠져 있다는 것을 의미한다.

어른들이 말하는 진정한 사랑이란 십대들이 나중에 배우게 될 어떤 것이었고, 어른스럽고 심각하며 실제적인 것이었으며, 전투 베테랑들이 신입을 기다리고 있는 것에 대해 넌지시 내비칠 때처럼, 그들의 어조에는 음산한 만족감의 기미가 있었다.

그 구절은 유행이 지났지만 사고방식은 지속되고 있다. 진정한 사랑은 그것이 만들어내는 결과와 책임의 측면, 즉 사회적 승인 또는 불명예, 결혼 또는 이혼, 부 또는 빚, 출산 또는 아이가 없음, 가정의 노예 또는 이탈에서 여전히 정의된다.

사람들이 사랑에 대해 이야기하는 것처럼 보일 때, 그들은 실제로 그것의 결과를 논의하는 경우가 더 많다. 사실 때로는 사랑을 결과로 보는 것이 어렵다. 보통 논의되는 관계는 물론 성적인 관계이다.

그러나 부모와 자녀, 친구, 동료, 심지어 동물과 그 주인 사이의 관계들은 위급 시에 똑같이 긴장되고, 비슷한 경제적, 사회적 어려움, 비슷한 질투의 고통, 그리고 대립하는 자아들의 무자비한 투쟁들을 야기할 수 있다는 것을 누구도 부인할 수 없다.

많은 사람들은, 분명히, 일생을 통해 어느 정도 이기심 없이 서로 사랑할 수 있을 정도로 스스로의 이기심의 유대를 느슨하게 하려고 애쓴다. 사랑, 또는 적어도 사랑에 대한 기억은 심지어 가장 불행한 관계에서도 항상 어느 정도는 존재한다.

나라다가 우리에게 상기시키는 것처럼, 모든 사랑은, 자아가 아무리 그것을 왜곡하거나 제한하더라도 본질적으로 신성하다. 그러나 의문이 남는다. 이 불완전한 인간 사랑의 상태에 대한 고려가 우리가 박티 요가 개념을 이해하는 데 도움이 될 수 있는가?

나라다가 묘사한 신의 사랑은 질투도, 자아의 투쟁도, 물질적 우위나 독점적 소유에 대한 욕망도, 이탈에 대한 두려움도 있을 수 없는 사랑, 불행할 수 없는 사랑이다. 심지어 신으로부터의 일시적 소외의 고통조차도 불행하다고 할 수 없다. 왜냐하면 그것을 느끼는 헌신자들은, 단지 그가 그것을 느끼기 때문에, 신이 존재한다는 것과 그들 사이의 관계가 살아있고 실제라는 것을 안다.

그러나 불행이 없는 이 사랑의 개념은 박티 공부의 초보자인 우리가 거의 이해할 수 없는 것이다. 그것은 전혀 사랑이 아니라고 우리는 스스로에게 말한다. 그것은 차갑고, 부자연스럽고, 비인간적이다.

왜냐하면 우리가 만약 솔직하다면, 우리는 실제로 질투를 받아야 하고, 갈망과 불안을 겪어야 하며, 독점적 소유를 위한 절망적인 요구를 해야 한다는, 사랑에 대한 세상의 견해에 의해 너무 길들여졌다는 것을 받아들여야 하기 때문이다. 그래서 사랑과 사랑에 빠진다는 어리석게 들리는 그 오래된 구절이 어쩌면 여전히 약간의 유용성을 가지고 있을 수도 있다.

아마도 그것은 박티가 무엇을 의미하는지를 우리에게 처음으로 보여주는 것에 도움이 될 수 있을 것이다. 사랑을 두 개인적 자아들 사이의 관계라고 생각하는 것을 멈추고, 우리 각자 안에 있는 사랑을 위한 능력에 집중하자.

그것은 아주 작을 수는 있지만, 우리 자신의 것이고 우리를 실망시킬 수 없다. 우리의 사랑이 외부의 어떤 대상과도 관계가 없이 그렇게 여겨질 때, 그 자체로 사랑스럽고 욕망이나 고통으로부터 완전히 자유롭다는 것에 우리 모두는 동의할 수 있다. 그리고 이런 식으로 우리는 사랑이 신이라는 생각을 이해하기 시작할 수 있다.

나라다

이 책에 담긴 수트라들의 저자는 나라다이다. 하지만 나라다가 누구였는지 확인하는 것은 어렵다.

우리는 세계의 오랜 경전들 가운데 하나인 찬도기야 우파니샤드에서 처음으로 그의 이름이 언급된 것을 본다. 거기에서 우리는 사나트쿠마르라고 불리는 위대한 현자에게 접근하는 영적 수행자로서의 그를 발견한다.

나라다는 신성한 경전뿐 아니라 예술, 과학, 음악, 철학의 모든 학문 분야들을 공부했다고 한다. 나라다는 사나트쿠마르에게 말했다. "하지만 저는 아무런 평화를 얻지 못했습니다. 저는 이 모든 것들을 공부했지만, 나를 알지 못합니다. 저는 당신과 같은 위대한 스승들로부터 나를 아는 사람은 슬픔을 극복한다고 들었습니다. 슬픔은 언제나 저의 몫입니다. 바라건대, 제가 그것을 극복하도록 도와주십시오."

스승과 제자 사이에서 약간의 논의가 있은 후, 사나트쿠마르는 그에게 가르쳤다. "무한한 것은 기쁨의 원천이다. 유한한 것에는 기쁨이 없다... 무한한 것은 불멸이고, 유한한 것은 필멸이다...

무한한 존재인 나의 진리를 알고, 명상하고, 깨닫는 사람, 그런 사람은 나 안에서 기뻐하고, 나를 즐기고, 나를 누린다. 그는 자신의 주인이 되고 모든 세상의 주인이 된다. 노예는 이 진리를 모르는 자들이다.

"감각들이 정화될 때 즉, 집착과 혐오로부터 자유롭게 감각들로 감각 대상들 사이에서 움직일 때 가슴은 정화된다. 가슴이 정화되면, 나에 대한 지속적이고 끊임없는 기억이 있다. 나에 대한 지속적이고 끊임없는 기억이 있을 때, 모든 유대들이 느슨해지고 자유가 얻어진다."

다음으로 우리는 슈리마드 바가바탐[1]에서 나라다의 이름이 언급되는 것을 보게 되는데 거기에서는 깨달은 영혼으로서의 그를 발견한다.

나라다는 비야사[2]에게 슈리마드 바가바탐을 쓰도록 요청했다. 그와 관련하여 나라다는 비야사에게 한 번의 출생뿐 아니라 두 번의 출생에 대한 그의 인생의 역사도 이야기해주었다.

"나의 지난 화신과, 내가 가지고 있는 이 신성한 자유와 평화를 어떻게 찾게 되었는지에 대해 말해주겠다. 나의 어머니는 위대한 현자들이 살던 수행처의 하인이었다. 나는 그들과 가까이 지내면서 자랐고, 나 역시 그들을 섬겼다. 이 신성한 사람들의 집단에서 사는 동안, 나의 가슴은 정화되었다."

신성한 사람들의 은총과 신의 사람들과의 교제는 신, 그리고 신성한 사랑에 이르는 주요 방법이다. 현대의 위대한 성자, 스와미 비베카난다가 말했듯이, "이미 자신의 속박을 끊어버린 영혼에게 피난처를 구하라. 때가 되면 그는 자비를 통해 당신을 자유롭게 할 것이다. 더 높은 것은 신에게 피난처를 구하는 것이지만, 그것은 가장 어렵다. 실제로 그것을 행한 사람은 한 세기에 한 번밖에 찾을 수 없다."

그러나 만약 간절하게 신을 갈망한다면, 당신은 당신의 구루를 만나게 될 것이다. 신을 사랑하는 사람들의 존재는 한 장소를 거룩하게 만든다. 그러한 것이 신의 자녀들의 영광이다. 그들은 신과 하나가 되었다. 그들이 말할 때, 그

---

1 스와미 프라바바난다(G.Putnam & Company, 1943)가 신의 지혜라고 번역했다.
2 [옮긴이 주] 베다의 편찬자이며 마하바라타의 저자라고 여겨지는 이

들의 말들은 경전들이다. 그들이 있었던 곳은 거룩한 진동들로 가득 차게 된다. 그곳에 가는 사람들은 그것들을 느낀다. 그들 또한 거룩하게 된다.

나라다는 계속한다. "내가 이 신성한 사람들의 집단에서 이렇게 살고 있는 동안, 나의 가슴은 정화되었다. 어느 날, 이 현자들 중의 한 명이, 나에 대한 그의 깊은 사랑으로 인해 나를 신성한 지혜의 신비로 입문시켰다. 무지의 베일이 나에게서 떨어져 나갔고, 나는 나의 진정한 나가 신성함을 알았다.

그런 다음 나는 이런 교훈을 배웠다. 육체적 또는 정신적 삶의 모든 병들에 대한 가장 위대한 치료법은 카르마[일]의 결실들을 신에게 넘겨주는 것이다. 카르마는 우리를 속박 안에 두지만, 우리의 카르마를 신에게 맡김으로써 우리는 자유롭게 된다. 우리가 신에 대한 봉사로서 행하는 일은 우리 안에서 사랑과 헌신을 만든다. 이 사랑과 헌신은 결국 지혜를 가져다준다. 그리고 마침내 이 지혜에 이끌려 우리는 자신을 사랑의 신에게 맡기고 그에 대해 명상한다. 이렇게 해서 나는 지혜와 사랑에 이르렀다."

위의 인용에서 우리는 모든 요가의 조화, 즉 이기심 없는 행동, 헌신, 지혜, 명상(카르마 요가, 박티 요가, 갸나 요가, 라자 요가)을 통한 신과 합일의 길을 발견한다. 다시 말해서, 이 네 개의 요가는 빈틈없는 구획처럼 분리되어있지 않다. 만약 사람이 요가들 중의 하나를 진심으로 성실하게 따른다면, 다른 모든 요가들은 그의 삶에 섞이게 된다.

나라다는 계속한다. "나는 어머니께서 돌아가실 때까지 현자들과 함께 살았고, 수행처를 떠나서는 여러 곳들을 방문하며 돌아다녔다. 마침내 나는 은거처를 찾기 위해 깊은 숲으로 들어갔다. 조용하고 호젓한 곳의, 나무 밑에 자리를 잡고 앉아, 신의 사랑 안에서 세상을 잊은 채 나는 그에 대해 명상했다.

점차 나의 내면의 시야가 뚜렷해지면서, 나는 내 가슴의 안식처에 앉아 있는 인자한 사랑의 신을 보았다. 나는 표현할 수 없는 기쁨에 압도되었고, 더 이상 나 자신이 신과 분리되었다고 생각할 수 없었다. 나는 그와의 동질성을 발견했다. 하지만 나는 그 상태에 오래 머무를 수 없었다.

다시 나는 감각들의 세계에 있는 나 자신을 발견했다. 이제, 아, 아주 열정적으로 다시 한 번 그 축복의 상태에 도달하려고 했을 때, 그렇게 하는 것이 불가능해 보였다. 그때 공으로부터 목소리가 들렸다. 신이 나를 위로하려는 듯 말씀하셨다. '나의 아이야, 너는 이번 생애에서는 다시 나를 볼 수 없을 것이다. 욕망이 사라지지 않은 사람들은 나를 볼 수 없다. 하지만 나에 대한 너의 헌신 때문에, 나는 너에게 한 번 경험을 제공했다.

나에게 헌신하는 성자들은 점차 모든 욕망들을 포기한다. 거룩한 자들과 어울려 살고, 그들을 섬기며, 너의 마음을 나에게 단단히 고정시켜라. 이렇게 결국에 너는 나와의 합일을 깨닫게 될 것이다. 그러면 너에게는 더 이상 분리가 없을 것이고, 더 이상의 죽음도 없을 것이다.'

"이윽고 나는 육체를 버리고 신과 하나가 되었다. 나는 평생 그 축복받은 합일로 살았다. 다음 주기가 시작될 때 나는 이 세상으로 보내졌다. 지금 나는 순수하고 자제continence의 삶을 살고 있다. 나는 신의 은총으로 모든 세상의 어디든 돌아다닐 수 있다. 어디를 가든 나는 비나를 연주하고, 신을 찬양한다. 사랑의 신은 언제나 나의 가슴에 나타난다. 신을 찬양하는 나의 노래를 듣는 사람들은 평화와 자유를 발견한다."

슈리 라마크리슈나는 나라다와 슈카데바가 언제나 자유로운 영혼이라고 말하곤 했다. 그들은 인류를 위해 거듭 태어났고, 신의 지식을 가지고 태어난다. 슈리마드 바가바탐에는, 영적 수행자의 가슴에서 신에 대한 진실한 열망이 일어날 때, 나라다는 그곳에서 구루로서 나타날 것이라고 적혀 있다. 깨달은 영혼의 은총이 영적 삶에서의 발전에 필수적이라는 지적이 이미 있었다.

당신은 경전들을 읽고 그것들을 이해할 수 있다. 당신은 그것들을 믿을 수도 있다. 하지만 그런 이해는 당신에게 종교를 주지 않고, 신에 대한 지식을 주지도 않는다. 당신을 영적으로 만드는 것은 경전들이나 신학에 대한 학문적 지식이 아니다. 그것은 당신의 영혼 안에 있는 경험이다. 이 경험이 당신의 가슴 안에서 펼쳐지기 위해서는 깨달은 영혼인 구루의 손길이 필요하다.

스와미 비베카난다를 인용하자면, "신성한 화신 즉 예수, 붓다, 라마크리슈나는 종교를 줄 수 있다. 한 번의 눈길, 한 번의 손길이면 충분하다. 그것이 거룩한 영의 힘, '손을 얹는 것'이다. '구루 힘의 사슬'이 실제로 스승에 의해 제자들에게 전해졌다.

이 구루 힘의 사슬은 계속된다. 예수, 붓다, 또는 라마크리슈나는 항상 구루로 발견되지는 않는다. 그러나 제자들에게 전해진 그들의 힘은 남아있고 대대로 전수된다. 말하자면 그것은 수행자의 선택된 이상으로서 신의 신성한 이름을 통해 씨앗 형태로 제자에게 전수된다.

제자가 거룩한 이름을 챈트하는 것처럼, 그가 씨앗을 키울 때, 그것은 점차 자라서 꽃과 열매가 있는 나무가 된다. 그리고 결국 제자는 구루가 된다. 구루 힘은 사람의 힘이 아니라, 슈리 라마크리슈나의 말로는 "삿-칫-아난다 즉 신 그 자신"의 힘이다.

어떤 주제의 공부에 들어가기 전에, 우리는 그런 공부에 대한 우리의 목적을 알아야 한다. 예를 들어, 물리학, 화학, 문학, 의학, 또는 법을 공부하고 싶다면, 당신은 목적을 가지고 있다.

마찬가지로, 어떤 경전의 공부를 시작할 때, 우리는 목적에 대한 분명한 이해를 해야 한다. 그러면 그것은 무엇인가? 그것은 신에게로 가는 길을 찾는 것이다. 신은 존재한다. 그의 존재의 증거는 무엇인가? 그의 존재를 증명하기 위해 논리적이고 어쩌면 과학적으로 보이는 많은 주장들이 제기되어왔던 것이 사실이다. 신의 존재를 부인하는 학자와 철학자들이 있는 것도 사실이다. 그들의 주장은 상대방의 주장만큼이나 논리적이다.

선견지명이 있는 인도의 철학자들 중의 한 명인 샹카라는, 신의 존재가 추론을 통해 증명될 수 있다고 가정한다면, 당신은 문제를 논의하기 위해 과거, 현재, 미래의 모든 학자와 철학자들을 모을 수 없기 때문에 어떤 최종 결론에도 이를 수 없다고 지적했다. 그러면 진짜 증거는 어디에 있는가? 진짜 증거는 신은 알려지고 자각될 수 있다는 것이다. 샹카라가 지적했듯이, 경전들만이 신의 증거에 대한 권위는 아니다. 경전들에 대한 연구와 함께, 신의 진리에 대한 "개인적 경험을 가져야 하기" 때문이다.

스와미 비베카난다는 말했다. "경전들이 없이도 충분히 해낼 수 있을 때까지는 경전들을 따르라. 그런 다음 경전들을 넘어서라. 책들은 최종적인 것이 아니다. 입증은 종교적 진리에 대한 유일한 증거이다.

각자는 스스로 입증해야 한다. 그리고 '나는 보았지만 너는 볼 수 없다.'라고 말하는 어떤 스승도 믿을 수 없다. '너도 볼 수 있다'라고 말하는 스승만이 믿을 수 있다. 모든 시대와 모든 나라의 모든 경전들과 진리들은 베다인데, 이 진리는 볼 수 있는 것이고 누구나 그것을 발견할 수 있기 때문이다." 그런 의미에서 힌두교도들은 베다들이 시작이 없고 끝도 없다고 믿는다.

이와 같이 만약 당신이 단순히 경전들을 공부하기만 하고 자신의 삶에서 경전들의 진리들을 입증하려고 시도하지 않는다면, 당신의 공부는 가치가 없다. 오직 경전들에 정통하기만 하고 그의 개인적 삶에서 그 진리들을 입증하지 않는 자에 대해, 모하메드는 한 짐의 책들을 나르는 당나귀에 비유했다.

물론 지금은 누구도 이 눈으로 신을 본 적이 없고, 이 귀로 신의 목소리를 들은 적이 없다. 하지만 그를 볼 수 있고, 그가 말하는 것을 들을 수 있으며, 궁극적으로 사람은 그와의 합일에 이를 수 있다. 바가바드 기타에서, 슈리 크리슈나는 그의 제자이자 친구인 아르주나에게 말한다. "그대의 육체의 눈으로는 이것들 즉 우주적 형상을 하고 있는 크리슈나의 실제 존재를 볼 수 없다. 그러므로 나는 그대에게 장엄한 힘들을 지각할 수 있는 영적 눈을 준다."

이것은 시편의 말들이다. "신이시여! 저의 눈을 뜨게 하셔서 당신 율법으로부터 놀라운 것들을 보게 하소서." 철학적 관점에서, 이 신성한 시각을 뜨는 것은 말하자면, 세 가지 친숙한 의식의 상태들 즉 깨어있음, 꿈, 꿈이 없는 잠의 초월인 "네 번째 것" 즉 투리야라고 알려져 있다. 그 초월적 지식을 펼칠 수 있는 능력은 우리 모두에게 있다.

하지만 우리의 신성한 시각이 열리고, 우리가 영 안에서 태어나기 위해서는 구루의 은총, 우리에게 길을 보여주는 깨달은 영혼의 손길이 필요하다. 우리는 그의 말과 경전들의 말에 대한 믿음이 필요하다.

예수는 선언한다. '진정, 내가 진정 너희에게 이르노니, 물과 성령으로 태어난 자가 아니고서는 하나님의 왕국에 들어갈 수가 없다. 구루에 의한 입문은 세례, 예수의 말로 "물로 태어나는 것"과 같다. 그리고 성령으로 태어난다는 것은 신성한 시각을 얻는 것이다.

그런 다음 사람이 구루가 가르친 길을 따르려고 노력할 때, 그는 결국에는 그의 노력에 의해서가 아니라 신의 은총에 의해 그가 신과 하나에 이른다는 것을 깨달을 것이다. 이것은 진정 신의 선물이다.

다음으로는 질문이 생겨난다. 왜 사람은 신의 비전이 필요한가? 대답은 내가 앞에서 인용한 사나트쿠마르가 나라다에게 준 가르침에서 이미 주어졌다. "무한한 것은 기쁨의 원천이다. 유한한 것에는 기쁨이 없다."

목차

저자의 글 · 4
서문 · 6
서론 · 7
나라다 · 11
수트라들 · 20
옮긴이의 글 · 242
용어풀이 · 246
참고도서 · 259

1

그러므로 이제 우리는
박티 즉 사랑의 길을 설명할 것이다.

이제라는 단어의 사용은 가르침을 받으려는 사람들이, 그들이 신성한 사랑의 진정한 내용을 이해할 수 있도록 준비된 즉 이미 영적 훈련 기간을 이미 거쳤다는 것을 암시한다.

중요한 자질은 당신이 영적 수행자여야 한다는 것이다. 다시 말해서, 당신은 이 주제에 대해 알기를 원해야 한다. 만약 사람이 신을 깨닫는 것에 관심이 없다면, 당신은 그에게 백 번 설교할 수는 있다. 하지만 그것은 소용이 없다. 슈리 라마크리슈나 말하듯이, "아무리 못을 내리친다고 해도, 당신은 바위에 못을 박아 움푹 들어가게 만들 수 없다. 못은 부러질 것이다. 마찬가지로, 만약 그가 세상적인 것에 빠져 있다면, 그에게 신에 대해 가르치려 해도 아무 소용이 없다."

모든 사람이 신의 필요성을 느끼지는 않는다. 많은 사람들은 감각들과 마음의 세계가 그들에게 제공할 수 있는 것에 만족한다. 하지만 성장과 진화의 과정을 통해, 그리고 또한 삶에서의 좌절을 통해, 사람이 신의 필요성을 느끼는 때가 온다.

바가바드 기타에서, 슈리 크리슈나는 신을 숭배하는 네 종류의 사람들이 있다고 지적한다. 첫 번째 부류는 세상에 지친 사람이다. 고통에서 벗어나는 길을 찾지 못할 때, 그는 신에게 열정적으로 기도하고 그에게 자신을 바친다.

또 다른 부류가 있는데, 그는 충족되지 않은 욕망들을 가지고 있다. 자신의 욕망들을 이루기 위해 그에게 남겨진 어떤 다른 방법도 찾지 못할 때, 그는 신을 숭배하고 신에게 자신을 바친다.

그리고 또 다른 부류가 있다. 그는 지식을 추구하는 즉 삶을 이해하려는 사람이다. 그는 세상의 이 겉모습이 진짜인지 아니면 그 뒤에 어떤 것이 있는지를 탐구한다.

마지막으로 영적 분별력을 가진 즉 깨달은 사람이 있다. 그는 "신에 대한 사랑을 제외하고는 모든 것이 헛되다."라는 것을 깨닫는다. 그는 가슴속으로 신만이 실재라는 것을 알고 있으며, 그에게 "이 세상의 모든 쓰임새들이 진부하고, 재미없고, 이로울 것이 없는" 것처럼 보인다.

슈리 크리슈나는 이런 종류의 사람에 대해서 말한다.

"하지만 나는 아트만을 깨달은 사람을
바로 나로 여긴다.
왜냐하면 그의 마음은
나에게 확고히 고정되어 있기 때문이다.
그는 도달해야 할 최고의 목표를 나로 여겨
오로지 나에게 피난한다."

하지만 슈리 크리슈나는 모든 네 부류의 사람들에 대해 "고귀하다."라고 말한다. 그는 어떤 동기를 가지고 신을 숭배하기 시작한다.

자신을 그에게 헌신하면 그는 자신의 숭배에서 기쁨을 맛보기 시작한다. 그러면 다른 모든 욕망들은 그를 떠난다.

이것은 어린 소년 드루바의 인생 이야기이다. 이것은 슈리마드 바가바탐에 묘사되어 있다. 그는 왕자로 태어났지만, 그의 통제를 넘어서는 상황 때문에 가난과 불행 속에서 어머니와 함께 살아야만 했다. 결국에는 그가 통치자가 될 그 왕국에서 그와 그의 어머니가 다시 설 수 있도록 오직 신만이 도와줄 수 있다는 것을 그는 깨달았다. 그래서 그는 깊은 숲으로 들어가서 아주 진실하고 간절하게 신에게 기도하기 시작했다. 나라다는 어린 소년이 영적 수행자라는 것을 느꼈다. 그래서 그는 소년의 앞에 나타나서 그에게 영적 삶의 신비를 가르쳤다. 소년은 그에게 주어진 수련법을 수행하면서, 신에 대한 비전을 가졌다. 이야기에 의하면, 신은 선택된 이상의 형태로 그의 앞에 나타나서 그에게 말했다. "너의 아버지인 왕은 너와 너의 어머니가 돌아오기를 바란다. 그리고 그는 너에게 왕관을 줄 것이다."

하지만 드루바가 말했다. 저에게 당신이 있는 한, 제가 왕국이 무슨 필요가 있겠습니까?"

"아니다." 신이 말했다. 너는 왕이 되기를 원했고, 왕이 되어야 한다. 그것이 너에게 주는 나의 축복이다." 마침내 드루바는 신에게 자신을 완전히 바쳤다.

그러므로 신성한 사랑의 길을 따라갈 때, 하나이자 유일한 자질은 신에 대한 필요성을 느끼는 것이고 자신을 그에게 바치기를 원하는 것이다.

이 점에서, 그것은 다른 어떤 길과도 다르다. 예를 들어, 지식의 길을 따르기 위해서, "분별력을 지니고 있고, 자신의 행위의 결실들의 즐거움으로부터 마음이 돌아섰으며, 평온 같은 미덕들을 가지고 있고, 해방에 대한 갈망을 느끼는 자만이 브람만을 구할 자격을 가진 것으로 여겨진다"(샹카라). 반면에 비베카난다의 말에서 "박타[헌신자]는 그의 정서들 중 어느 하나도 억제할 필요가 없다. 그는 단지 그것들을 강화하고는 그것들을 신에게 향하게 할 뿐이다."

슈리마드 바가바탐에서 우리는 슈리 크리슈나가 그의 제자 웃다바에게 다음과 같이 말하는 것을 읽는다. "비록 아직은 자신의 감각들을 통달하지는 않았지만, 나의 헌신자는 절대로 감각들에 의해 완전히 정복되지 않는다. 나에 대한 그의 헌신은 그의 특별하며 은총을 얻는 데 도움이 된다.

바가바드 기타에서 슈리 크리슈나는 그의 제자이자 친구인 아르주나에게 말한다.

> "가장 악한 사람이 전적인 헌신으로 나를 숭배한다면,
> 그는 성자로 바뀐다.
> 나는 누구도 죄인으로 보지 않는다.
> 그 사람은 거룩하다.
> 거룩함은 곧 그의 성품을 영원한 평화로 바꿀 것이다.
> 오, 쿤티의 아들아, 이것을 확신하라. 나는 누구도 죄인으로 보지 않는다.
> 그는 사라지지 않는다."

한번은 슈리 라마크리슈나가 그의 친한 제자들에게 말했다. "신을 찾기를 진심으로 구하는 자는 확실히 신을 찾을 것이다. 이것을 확실히 알라."

... 그러므로 우리는 박티, 즉 신성한 사랑의 종교를 가르칠 것이

다. 그러므로 라는 단어의 의미는 무엇인가? 무엇이 성스러운 저자 나라다로 하여금 그의 신성한 사랑의 복음을 설명하게 했는가?

　만약 사람이 신에 대한 사랑을 얻는다면, 이 사랑은 그가 직접 신을 깨닫고, 모든 존재 안에 있는 아트만인 신과 그의 합일을 경험하도록 이끌기 때문에 그는 그렇게 했다. 그리고 이것은 가장 자연스럽고 쉬운 길이다. 모든 사람은 자신의 가슴에 사랑을 가지고 있다. 이 사랑은 신을 향해야 한다.

2

박티는 정말이지
신을 향한 강렬한 사랑이다.

나라다는 신이라는 단어가 아니라, 부정 중성 명사 "이것"을 사용한다. 그리고 수트라를 영어로 번역할 때, "이것에 대한 강렬한 사랑"이 의도된 의미를 전달하지 못할 것이기 때문에 나는 그것을 고쳤다.

나라다가 왜 신, 브람만, 아트만, 라마, 크리슈나 또는 다른 신성한 어떤 이름 대신에 "이것"이라는 대명사를 사용했는지 생각해 보는 것은 흥미롭다.

한 가지 이유는 그는 자신의 가르침이 완전히 비종파적이기를 바랐기 때문이다. "저것"과 대조적인 "이것"이라는 대명사의 사용은 그것이 어떤 이름으로 불리든, 실재는 가장 가까운 것, 즉 우리 존재의 가장 깊은 나보다 더 가깝고, 우리 자신의 가슴의 안식처와 모든 존재의 가슴속에서 발견된다는 것을 암시한다.

이미 말했듯이, 궁극적 실재인 신은 신성한 시각의 열림과 더불어 경험되는 것이다. 나라다는 이 경전 어디에서도 신을 정의하는 것을 피하는데, 이는 정의하는 것은 신을 제한하는 것이기 때문이다. 더욱이, 신을 경험할 때, 그는 상대적 경험의 관점에서 그를 표현할 수 없다.

슈리 라마크리슈나의 말을 인용하자면, "사람이 사마디에 이를 때, 그때만 브람만에 대한 지식이 생긴다. 그 깨달음 안에서 모든 생각들은 멈추고, 사람은 완전하게 조용해진다. 브람만을 표현할 수 있는 어떤 말의 힘도 남아 있지 않다." 그러나 우리는 다시 위대한 현자와 선지자들이 다양한 방법들로 신의 진리를 표현하려고 노력했다는 것을 발견한다. 어떤 사람들은 그가 인격적이라고 하고, 어떤 사람들은 비인격적이라고 말한다. 어떤 사람들은 그가 형태가 있다고 하고 어떤 사람들은 형태가 없다고 말한다. 어떤 사람들은 그가 신성한 속성들을 부여받았다고 하고, 어떤 사람들은 속성들이 없다고 말한다.

슈리 라마크리슈나는 그 자신의 신비적 경험에 비추어, 그런 모든 모순들을 단순한 방식으로 해결했다. "신은 무한하고, 그의 표현은 무한하다. 신의 의식 안에서, 그리고 이 안에서만 계속해서 사는 사람은 자신의 진정한 존재 안에서 그를 안다. 그는 인격적인 그 못지않게 비인격적인 그를 안다. "브람만, 절대적 존재, 절대적 지식, 그리고 절대적 희열은 시작이나 끝이 없는 바다에 비유될 수 있다. 극심한 추위를 통해 바닷물의 일부는 얼어서 얼음이 되고, 형태가 없는 물은 형태를 가진 것처럼 보이는 것처럼, 헌신자의 강렬한 사랑을 통해, 형태가 없는 무한한 존재는 형태와 인격을 가진 것으로 그의 앞에 자신을 드러낸다.

그러나 가장 높은 사마디에 이른 사람, 비이원의 철학의 높은 곳, 베단타에 이른 사람 앞에서 형태와 양상은 사라진다. "약간의 자아 즉 '나는 헌신자이다'라는 의식이 여전히 남아있는 한, 신은 인격적인 것으로 이해되고, 그의 형태는 자각된다. 독립된 자아의 의식은 사람을 최고의 깨달음으로부터 거리를 두게 하는 장애물이다.

칼리 또는 크리슈나의 형상은 짙은 파란색으로 표현된다. 왜 그런가? 헌신자가 아직 그들에게 접근하지 못했기 때문이다. 멀리에서 호수의 물은 파랗게 보이지만, 가까이 가면 당신은 그것이 색이 없다는 것을 알게 된다. 같은 방식으로, 최고의 진리와 경험에 이른 그에게, 브람만은 절대적이고 비인격적이다. 그의 진정한 성품은 말로 정의될 수 없다."

헌신자들이 숭배하는 신의 다양한 이상들은 그들의 영적 성향이나 경향에 따라, 비슈누, 쉬바, 칼리, 여호와, 알라 등의 양상에서 속성들을 가진 인격적인 신 또는 라마, 크리슈나, 붓다, 그리스도, 또는 라마크리슈나와 같은 신의 화신일 수도 있다.

나라다는 박티를 신에 대한 "강렬한 사랑"이라고 정의한다. 현자가 말하는 이 강렬한 사랑은 신의 비전을 가진 헌신자가 신성한 사랑에 도취했을 때, 그의 가슴 속에서 생겨나는 사랑을 가리킨다. 그런 사랑이 신 의식을 경험하는 것과 같다는 것은 다음에 나오는 수트라에서, 이 사랑의 본질에 대한 나라다의 묘사로부터도 분명하다.

어느 날, 스와미 비베카난다가 사우전드 아일랜드 공원에서 몇몇 가까운 제자들을 위해 수업을 하고 있을 때, 그는 나라다의 박티수트라 연구를 시작했다. 스와미지가 이 특별한 수트라를 번역할 때, 그는 자신의 스승 슈리 라마크리슈나의 다음의 말을 인용함으로써 그것에 대한 논평을 했다. "이 세상의 어떤 사람들은 돈에, 어떤 이들은 이성에, 어떤 이들은 이름 또는 명성에, 그리고 몇몇은 신에 미쳐 있는 거대한 정신병원이다. 신은 우리를 순식간에 금으로 바꾸는 철학자의 돌이다. 형태는 남지만 성품은 변한다. 인간의 형상은 남지만 우리는 더 이상 해를 끼치거나 죄를 범할 수 없다."

"신에 대해 생각할 때, 어떤 사람들은 울고, 어떤 사람들은 노래를 부르고, 어떤 사람들은 춤을 추고, 어떤 사람들은 놀라운 말을 한다. 하지만 모두 단지 신에 대해 말할 뿐이다."

온 마음을 사로잡는 이 사랑은 우리에 대한 그의 사랑을 느낄 때만 생겨난다. 이것은 우리가 신 비전에서 황홀경을 경험할 때 분명히 느껴진다. 나의 스승, 스와미 브람마난다는 언젠가 나에게 말했다. "우리의 사랑은 너무나 깊어서, 우리가 너를 얼마나 사랑하는지를 네가 알게 하지 않는다." 이것은 사실 신이 우리 모두, 모든 존재에 대해 가지는 것과 같은 종류의 깊은 사랑이다. 그리고 황홀경에 들어감으로써 그의 그 사랑을 느낄 수 있도록 하기 위해, 우리는 영적 수련법을 수련해야 한다. "…지식을 넘어서는 그리스도의 사랑을 알고, 너는 신의 모든 충만함으로 가득 차게 될 것이다." (에베소서 3:19)

박티는 두 종류가 있다. 가우니 박티는 신에 대한 강렬한 사랑인 파라 박티의 경험으로 이어지는 길들과 방법들이다. 즉 헌신의 길을 말한다.

나라다는 나중의 몇몇 수트라에서 헌신의 길, 방법들과 수단들, 즉 수행자가 수련해야 하는 특별한 헌신의 연습들을 설명한다. 우리가 이런 영적 수련법들을 따를 때, 우선 신은 존재한다는 확신이 생긴다. 다시 말해서, 그의 존재가 확실하게 느껴진다. 우리는 아직까지 그의 비전을 가지고 있지는 않다. 하지만 달콤함, 기쁨, 설렘이 안에서 느껴진다. 그리고 그가 우리의 가장 내면의 생각을 안다고 확신하게 된다. 다음으로, 우리가 신의 존재에 대한 수련들을 계속할 때, 그의 은총을 통해 비전이 열린다.

카타 우파니샤드에서 우리가 읽듯이, "그가 진정 존재한다고 느낀 사람에게 그는 자신의 가장 깊은 성품을 드러낸다." 동시에 그의 사랑은 어느 정도 알려지게 되고, 우리는 그를 우리의 하나이자 유일한

"사랑받는 사람"으로 깨닫는다.

하지만 나라다에 따르면 "강렬한 사랑"은 황홀경에 빠진 신의 비전을 갖는 것 이상이다. 그러나 이 강렬한 사랑이 무엇을 의미하는지 설명하려 하기 전에, 박타가, 헌신의 길을 따를 때, 비슈누, 쉬바, 칼리 등과 같은 인격적 존재로서의 신을 숭배하는 것으로 시작한다는 것을 지적하겠다.

어쩌면 서양의 헌신자에게는 아바타 즉 그리스도, 붓다, 라마크리슈나 같은 신성한 화신의 숭배를 이해하는 편이 더 쉬울 것이다. 물론, 베단타 전통에 따르면, 단 하나의 아바타만 있는 것은 아니다. 하나의 신은 각기 다른 형상들과 이름들로 여러 시대에서 그 자신을 구현한다.

바가바드 기타에서, 슈리 크리슈나는 말한다.

"오, 바라타, 옳음이 쇠퇴하고
올바르지 않음이 만연할 때,
나는 나 자신에 육체를 부여하여
화신으로 나타난다.
선한 사람들을 보호하고
악한 사람들을 멸하기 위하여
그리고 다르마를 세우기 위하여
나는 대대로 존재 안에 태어난다."

스와미 비베카난다는 왜 신성한 화신을 숭배하고 명상해야 하는지를 설명한다. "신은 주체이며 대상이다. 그는 '나'이고 '당신'이다. 이것은 어떻게 그러한가? 아는 자를 아는 법은 무엇인가? 아는 자는 그 자신을 알지 못한다. 나는 모든 것을 보지만 나 자신을 볼 수는 없다. 아는 자, 모두의 신, 실제의 존재인 아트만은 우주에 있는 모든 비전의 원인이지만, 반사를 통해서가 아니고는 그가 자신을 보거나 자신을 아는 것은 불가능하다.

당신은 거울에서가 아니면 자신의 얼굴을 볼 수 없고, 나인 아트만은 그것이 반사될 때까지는 그 자신의 성품을 볼 수 없고, 따라서 이 전체 우주는 그 자신을 자각하려고 노력하는 나이다. 이 반사는 먼저 원형질로 거슬러 올라가고, 그런 다음엔 식물과 동물로, 그리고 최고의 반사물, 즉 완벽한 사람에 이를 때까지 더 나은 반사물들로 계속해서 간다.

만약 자기 얼굴을 보고 싶은 사람이 작은 흙탕물 웅덩이를 들여다본다면, 그는 단지 윤곽만 보게 될 것이다. 만약 그가 맑은 물웅덩이로 간다면 그는 더 나은 이미지를 보게 될 것이다. 하지만 그가 거울을 들여다볼 때만 그는 실제 모습 그대로 반사된 자신을 보게 될 것이다.

완벽한 사람(아바타)은 주체이자 객체인 존재의 가장 분명한 반사이다. 당신은 이제 왜 완벽한 사람들이 본능적으로 모든 나라에서 신으로 숭배되는지 알게 되었다. 그들은 영원한 나의 가장 완벽한 현현이다. 그것이 사람들이 그리스도나 붓다 같은 화신들을 숭배하는 이유이다."

이제, 영적 경험에 두 단계들이 있다는 것을 설명하겠다.

헌신자는 먼저 사비칼파 사마디라고 알려진 것을 경험한다. 즉 그는 표현할 수 없는 희열을 동반한, 그의 선택된 이상 또는 신의 특정 양상에 대한 비전을 가진다. 신과의 분리감은 여전히 존재한다.

하지만 훨씬 더 높은 단계에서, 사랑, 사랑하는 자, 그리고 사랑받는 자는 하나가 된다. 니르비칼파라고 알려진 이 사마디에서는 신과의 완전한 합일이 있다. 그러면 신은 비인격적이고, 내재적이고, 초월적으로 경험된다. 강렬한 사랑인 프레마는 이 경험을 말한다.

슈리 라마크리슈나는 프레마를 "사람이 세상을 잊게 만들고, 그 자신의 육체마저도 잊게 만드는, 즉, 육체적 의식을 넘어서는, 신에 대한 강렬한 사랑"이라고 정의한다. 이 강렬한 사랑은 그 안에서 자아가 완전히 사라지는 표현할 수 없는 희열의 초월적 경험이다. 그가 그들 안에 있는 진정한 존재인 나임을 깨달아 신과의 완전한 합일에 이르렀던 성자와 선지자들의 몇 가지 예를 들기에 앞서, 신성한 사랑의 주요 특징들을 설명하겠다.

첫째, 진정한 헌신자는 사랑을 위해 신을 사랑한다. 그의 사랑에는 흥정도 물건을 파는 것도 없다. 심지어 그는 해방을 구하지도 않지만, 자신도 모르게 해방된다.

신성한 사랑의 또 다른 특징은 그것이 두려움을 모른다는 것이다. 스와미 비베카난다는 인간의 나약함 때문에 벌에 대한 두려움을 통해 신을 숭배하는 것은 종교를 비하하는 것이라고 말했다.

슈리 라마크리슈나의 영적 동반자인 슈리 사라다 데비는 이렇게 말한 적이 있다. 만약 아기가 진흙 웅덩이에서 놀다가 지저분해지면, 엄마는 아기를 버리는가? 아니면 그를 들어 올려서 씻긴 다음 무릎에 앉히는가? 신은 우리의 아버지나 어머니 그 이상이다. 그만이 사랑 그 자체이다.

스와미 브람마난다는 언젠가 나에게 말했다. "신의 눈에는 어떤 죄가 있는가? 그가 흘깃 보는 시선은 솜뭉치에 올려진 성냥처럼 모든 죄들을 불태운다."

마지막으로, 이 사랑은 경쟁자를 모른다. 헌신자에게, 신은 하나이자 유일한 연인이다. 슈리 차이탄야는 신에게 바치는 그의 기도에서 말한다.

> "오 당신, 당신의 헌신자들의 가슴을 훔치는 분이시여,
> 당신이 할 것을 저와 함께 하소서.
> 왜냐하면 당신은 저의 가슴의 연인이시고,
> 당신만이 그러하기 때문입니다."

이제, 역시 사랑을 통해 완전한 합일을 깨달았던 힌두교도 이외의 종교에서의 현자와 성자들의 예를 먼저 들어보겠다.

궁극적 진리를 경험한 수피교도 알 할라즈는 말했다. "나는 진리이고, 나는 내가 사랑하는 그이며, 내가 사랑하는 그가 나이다."

모하메드의 말, "Inni - an Allahu la illaha Ana"는 이사야의 정확한 번역이다. "바로 나, 심지어 내가 신이며, 다른 이는 없다."

성 바울은 말한다, "Optimum esse unire deo." 가장 좋은 것은 신과 하나가 되는 것이다.

디오니시오스는 말한다. "사람을 그가 사랑하는 그것으로 변화시키는 것이 사랑의 성품이다."

독일의 신비주의자 마이스터 에크하르트는 말한다. "신에 대한 그녀의 뜨거운 추구 안에 있는 영혼은 그에게 흡수되고 그녀 자신은 태양이 새벽을 삼켜서 내쫓는 것처럼 아무것도 아닌 것이 된다… 어떤 사람들은 너무나 단순해서 신에 대해 마치 그가 그곳에 있기라도 한 것처럼 생각하고 그들 자신은 여기에 있는 것으로 생각한다. 그런 것이 아니다. 신과 나는 하나이다."

슈리 라마크리슈나는 다음의 말로 신의 최고의 비전을 묘사한다.

"신의 존재를 깨달은 자뿐만 아니라 그를 인격적이면서 비인격적인 것으로 알고, 그를 강렬하게 사랑하고, 그와 이야기하고, 그의 희열을 나누는 자는 진정 지고의 깨달음에 이르렀다.

그런 깨달은 영혼은 명상에 잠기는 동안에, 나눌 수 없고, 비인격적 존재와의 하나됨에 이르러 신의 희열을 깨닫고, 일상적인 의식으로 돌아와서 이 우주를 그 존재의 현현으로 그리고 신의 놀이로 볼 때 똑같은 희열을 깨닫는다."

바가바드 기타의 슈리 크리슈나는 말한다.

"그들의 가슴은 늘 브람만과 함께 있다.
직관의 눈으로 모든 존재들 안에 아트만(브람만)을,
아트만 안에 모든 존재들이 있음을 안다.
그들은 모든 존재들을 평등하게 본다."

슈리 차이탄야는 신을 아주 사랑하는 사람이었다. 슈리 라마크리슈나는 슈리 차이탄야의 영적 위대함에 대한 그의 감탄을 이런 말로 표현했다,

"슈리 차이탄야는 세 가지 기분을 경험하곤 했다. 가장 내밀한 기분에서 그는 외부 세계에 대해 의식하지 않고 사마디에 들어 있었다. 반의식적 기분에서 그는 황홀해서 춤을 추곤 했지만 말을 할 수는 없다. 의식적 기분에서는 신의 영광을 노래했다."

우리는 슈리 크리슈나의 위대한 헌신자인 프라흘라다가 브람만의 의식에 완전에 몰두했을 때 어떻게 우주도 그것의 원인도 찾아내지 못했는지를 슈리마드 바가바탐에서 읽는다. 모든 것은 그에게 있어서 이름들과 형상들로 차별화되지 않는 하나의 무한이었다. 하지만 그가

개별성의 감각을 되찾자마자, 그의 앞에는 우주가 있었고, 그것과 함께 우주의 신, 무한히 많은 축복받은 자질들의 보고가 있었다.

그래서 그것은 브린다반의 양치기인 고피들과 함께 있었다. 그들이 크리슈나에 대한 열렬한 사랑에 빠져들자마자, 그들은 그와의 합일을 깨닫고 크리슈나가 되었다. 하지만 자신들이 양치기라는 것을 알았을 때, 그들은 크리슈나를 숭배 받아야 할 분으로 생각했다. 곧바로 "크리슈나는 연꽃 얼굴에 미소를 띠고, 노란 옷을 입고, 화환으로 장식한, 육신을 입은 사랑의 신으로 그들에게 나타났다."

슈리 라마크리슈나의 삶에서 우리는 그가 어떻게 하루 중에도 여러 번 신에게 빠지게 되었는지를 알게 된다. 그런 다음 그는 하나된 의식을 깨달았다. 나중에 일상의 의식으로 되돌아왔을 때, 그는 신에 대해 더 없이 행복한 어머니라고 말하곤 했다.

3

이 신성한 사랑은
불멸의 희열 또한 준다.

이 불멸의 희열의 진정한 성품은 무엇인가? 그것은 절대적 행복과 황홀경의 상태이다. 나의 스승이 언젠가 나에게 말했다. "사람들은 인생을 즐기는 것에 대해 이야기한다. 하지만 세상적인 것과 열정에 빠져있는 사람들이 인생의 기쁨에 대해 무엇을 아는가? 신에게 자신을 바치고 그의 안에서 달콤함을 찾는 자들만이 인생의 참된 기쁨을 맛보기 시작한다." 산스크리트에는 마다바 즉 다정한 이라는 단어가 있는데, 이것은 신의 이름들 중 하나이다.

타잇티리야 우파니샤드에서 우리는 읽는다. "나 존재Self-Existent는 행복의 성품이다. 그 희열의 나가 가슴의 연꽃 안에 머물지 않는다면 누가 살 수 있고, 누가 숨을 쉴 수 있겠는가? 기쁨을 주는 자가 바로 그이다."

스베타스바타라 우파니샤드에서는 이런 말을 찾을 수 있다. "때 묻은 금속 조각이 깨끗해지면 환하게 빛나는 것처럼, 육체 안에 머무는 사람이 나의 진리를 깨달으면 슬픔으로부터 자유로워지고 희열에 이른다."

비슷한 진리를 성경에서도 찾아볼 수 있다. "그러므로 신의 구원을 받은 자들이 노래하며 시온으로 돌아오니 영원한 기쁨이 그들의 머리 위에 있고, 즐거움과 기쁨을 얻으리니, 슬픔과 탄식이 달아나리라. (이사야 51:11)

예수는 말한다. "네 주인의 즐거움에 참여하라." (마태복음 25:21)

슈리 라마크리슈나는 신을 "희열의 바다"라고 묘사했다. 한 번은 그가 후에 스와미 비베카난다로 알려진 어린 제자 나렌에게 물었다. "희열의 바다가 있다고 한다면, 너는 그것에 뛰어들고 싶지 않느냐?"

나렌이 대답했다. "아닙니다. 빠져 죽을 수도 있기 때문에, 저는 그것에 뛰어들고 싶지 않습니다. 차라리 저는 둑에 앉아 넥타를 마시겠습니다."

이 말에 슈리 라마크리슈나는 미소를 지으며 말했다. "아니다, 아니다. 그것은 불멸의 바다이기에 너는 그것에 빠져 죽을 수 없다. 그 안으로 뛰어들면 사람은 불멸을 얻는다."

이것은 결코 끝이 없다는 점에서, 불멸의 희열이다. 사람은 영원히 이 희열 안에 합쳐져서 산다. 신을 얻는 것은 이 희열을 얻는 것이다.

사람이 감각들의 세계에서 그가 바라는 대상들을 손에 넣는 것으로부터 얻어내는 행복 또는 즐거움은 어떤 원인의 결과이며, 그런 이유로 일시적이며 유한하다.

사람이 영적 수련들을 하면서 신을 찾기 위해 노력해야 한다는 것은 사실이다. 하지만 이런 수련들과 노력들은 신성한 은총을 느끼기 위해 행해진다. 그리고 이 은총이 느껴지면, 사람은 그 자신의 노력이 신의 은총 없이는 불가능했을 것임을 알게 된다.

나의 스승은 종종 말했다. "신은 네가 살 수 있는 상품이 아니다. 사람은 오직 신의 은총을 통해서만 신을 얻는 희열을 발견한다."

4

그것을 얻으면, 그는 완벽[3]과 불멸을 얻는다.
그는 지극히 만족한다.

완벽해지는 것이라고 내가 번역한 산스크리트 단어 싯다는 또한 신비한 힘을 가진 사람을 의미하기도 한다. 하지만 이 의미는 여기에서는 적용되지 않는다. 왜냐하면 헌신자 즉 진정한 영적 수행자는, 추구하지 않아도 신비한 힘들이 그에게 올 수 있지만, 그것이 영적 성장과 성취에 장애물이 된다는 것을 알고 그것을 거부해야 한다는 것을 알기 때문이다.

우리는 인도 요가 철학의 아버지인 위대한 요기 파탄잘리가, 어떤 집중의 수련을 따름으로써 얻어질 수 있는 많은 신비한 힘들을 다룬 후에, "이것들은 세상적 의미에서 힘이지만, 가장 큰 힘은 그것들을 극복하는 것이다."라고 힘주어 지적하면서 마무리하는 것을 발견할 수 있다. 그것들은 영적 수행자를 신의 길로부터 멀어지게 꾀어내는 너무나 많은 유혹이다.

그러므로 진정한 의미는 사람의 가슴속에서 신에 대한 강렬한 사랑

---

3 [옮긴이 주] siddha

이 생겨날 때 그는 완벽해진다는 것이다. 완벽을 얻는 것은 신과의 하나됨을 깨닫는 것, 또는 이미 사람 안에 있는 신성을 펼치는 것이다.

예수의 말에서 볼 수 있는 것처럼, "그러므로 하늘에 계신 너희의 아버지가 완벽하신 것처럼, 너희는 완벽해져라." 그리스도가 말한 천국이 안에 있음을 우리는 항상 기억해야 한다. 엄밀히 말해서, 진정한 존재, 나, 아트만은 브람만과 하나이기 때문에 이 완벽은 얻을 수 있는 어떤 것이 아니다. 오직 무지만이 우리 안에 있는 신의 진리를 덮고 우리의 신성한 시각을 방해한다.

무지는 자아 감각이다. 그것은 나와 비나의 동일시를 통해 말하자면, 자신을 마음, 감각, 육체와 동일시함으로써 생겨난다. 자아가 소멸되면, 강렬한 사랑을 통해 사랑하는 자와 사랑받는 자가 하나가 되는 것처럼, 내재하는 신, 사랑받는 자는 바로 우리의 나로 자각된다.

이 완벽은 또한 목샤 즉 해방이다. 이것은 무지의 유대가 끊어지면, 사람은 모든 불완전함과 제한으로부터의 자유뿐 아니라 카르마 법칙과 탄생, 죽음, 재탄생으로부터의 자유도 얻는다는 것을 의미한다.

카르마 법칙은, 간단히 말하자면, 원인과 결과의 법칙이다. 이 인과의 법칙은 물리적 세계에서뿐 아니라 도덕적, 정신적 세계에서도 작용한다. "사람이 무엇을 심든, 그는 또한 그것을 거둘 것이다." 이것이 법칙이다. 우리의 즐거움 또는 고통은 우리 자신의 카르마의 결과이다. 게다가, 카르마 법칙은 환생의 법칙과 밀접하게 연관되어 있다. 왜 어떤 사람은 부유하게 태어나고, 어떤 사람은 가난하게 태어나는가? 어떤 사람은 엄청난 지적 능력을 가지고 있고, 다른 사람은 어리석은가? 어떤 사람은 멋지게 만들어진 몸을 가지고 있고, 다른 사람은 절름발이거나 눈이 먼가? 만약 이것이 우리의 첫 탄생이었다면, 창조자는 인류의 차이에 대한 책임이 있을 것이다.

일부 서양 철학자들에 따르면, 모든 아이는 텅 빈 마음이 아니라 지식의 축적을 가지고 태어난다. 이 지식을 그들은 유전의 탓으로 돌린다. 하지만 인도에서는 그것이 이전 생애에서 얻어진 인상들로 이루어져 있다고 믿는다. 그러므로 그들이 자신을 잘못된 자아 즉, 에고 감각과 동일시하는 한, 모든 사람은 이 카르마와 환생의 법칙에 의해 구속된다. 그러나 사람이 그의 아트만, 그의 진정한 나를 깨달으면, 그는 카르마와 환생의 법칙으로부터 자유로워진다. 이것이 목샤 즉 해방이라고 알려져 있다.

우파니샤드들에서 우리는 그의 진정한 나에 대한 지식을 가진 사람에 대해 "그의 가슴속에서 무지의 매듭들이 풀리고, 모든 의심들이 사라지며, 모든 행위의 결과들이 소진된다."라는 말을 읽을 수 있다. 그런 사람은 지반묵타 즉 "이 세상에 살아있는 동안 자유로운"이라고 알려져 있다. 실제로, 진정한 나는 태어나지 않고 죽지 않는다.

카타 우파니샤드의 다음 구절은 이 생각을 설명해 준다. "나는 전능한 신이다. 그는 태어나지 않는다. 그는 죽지도 않는다. 그는 원인도 아니며 결과도 아니다. 이 오래된 이는 태어나지 않고, 영원하고, 불멸이다. 육체는 파괴될 수 있지만 그는 죽임을 당하지 않는다. 만약 죽이는 자가 자신이 죽인다고 생각하고, 죽임당하는 자가 자신이 죽임당한다고 생각한다면, 그들 중 누구도 진리를 아는 것이 아니다. 나는 죽이지 않고 죽임을 당하지 않는다… 소리가 없고, 형상이 없고, 뭐라 말할 수 없고, 죽지 않고, 맛이 없고, 냄새가 없고, 영원하고, 시작이 없고, 끝이 없고, 변하지 않고, 자연을 넘어서는 것이 나이다. 그가 이러함을 알면, 사람은 죽음으로부터 자유로워진다. 가장 작은 것보다 더 작고, 가장 큰 것보다 더 큰, 이 나는 모두의 가슴 안에 영원히 머문다. 사람이 욕망으로부터 벗어나서 마음과 감각들이 정화되면, 그는 나의 영광을 보고 슬픔이 없다."

스와미 비베카난다는 이 생각을 다음과 같이 표현한다. "손에 책을 들고 있는 사람이 한 페이지를 읽고, 그것을 넘겨 다음 페이지로 가서 그것을 읽고, 계속해서 그것을 넘기고 하지만, 넘겨지고 있는 것은 책이고, 돌고 있는 것은 페이지이지 그가 아닌 것처럼, 영혼에 대해서도 마찬가지이다. 그는 항상 있는 곳에 있다. 자연 전체는 영혼이 읽고 있는 그 책이다. 각각의 삶은, 말하자면, 책의 한 페이지이다. 그리고 읽고 나면 그것은 넘겨지고, 그렇게 전체 책이 끝날 때까지, 그리고 영혼이 완벽해질 때까지 자연의 모든 경험을 얻으면서 계속된다. 그렇지만 동시에 그것은 움직이지도 않았고, 오거나 가지도 않았다. 그것은 단지 경험을 모으고 있었다.

하지만 우리에게는 마치 우리가 움직이고 있는 것처럼 보인다. 지구는 움직이고 있지만, 우리는 지구가 아니라 태양이 움직이고 있다고 생각하고, 우리는 그것이 감각들의 실수이고 착각임을 안다. 우리가 태어나고 죽으며, 오거나 간다는 이 모든 착각 또한 마찬가지이다. 우리는 오거나 가지 않고, 태어나지도 않았다. 영혼이 갈 곳은 어디인가? 그것이 갈 곳은 없다. 그것은 이미 어디에 없는가?"

슈리 라마크리슈나는 내가 "완벽해지는 것, 살아있는 동안 자유로운 것"이라고 해석한 싯다라는 단어에 대해 말장난을 하곤 했다. 벵골어로 그것은 "끓게 되는 것"이라는 또 다른 의미도 가지고 있었다.

그래서 슈리 라마크리슈나는 말하곤 했다. "사람이 싯다가 되면 즉 완벽과 해방을 얻으면, 그는 끓인 감자나 채소처럼 부드럽고 연해진다." 즉, 그의 가슴은 동료에 대한 연민에 녹아서 동정적으로 된다. 이를 얻으면 그는 또한 불멸이 된다.

불멸은 정확하게 무엇을 의미하는가? 불멸 또는 영원한 삶은 시간과 공간에서 삶의 연속이라는 일반적인 오해가 있다. 현대 과학은 완전한 소멸의 불가능을 확실하게 증명한다. 존재 또는 사물이 존재한다는 바로 그 사실은 존재가 다른 형체와 다른 상태 아래 있을 수는 있다고 해도, 존재의 연속성을 암시한다. 나 또는 내재하는 신에 대한 지식을 통해 불멸을 얻는 것이 시간과 공간 내에서 존재의 연속성을 의미하는 것은 아니다.

그것은 나가 죽지 않고, 시간과 공간을 초월한다는 깨달음을 의미한다. 다른 모든 위대한 종교들이 가지고 있는 유사한 교리들은, 주로 사람이 아직 세상에 살고 있는 동안, 깨달음과 완벽의 삶을 가르친다.

예를 들어, 그리스도가 자신을 따르는 사람들에게 그에게 와서 그 안에서 그들이 영원한 삶을 찾을 것이라고 말했을 때 그가 의미한 것은 무엇인가?

그리스도 또는 브람만에게 온다는 것은 단지 그 자신의 신성한 나 안으로 들어온다는 것이다. 이 나는 시간을 초월한다. 시간은 공간 그리고 인간 삶의 다른 천 가지 조건들과 함께 오직 유한한 세상에만 그리고 더 높은 나에 눈뜨지 못한 사람들에게만 속한다.

그것을 얻음으로써, 사람은.... 영원히 만족하게 된다.

이 점에 대한 최고의 설명은 아마도 그리스도가 야곱의 우물에 물을 길어 나르러 온 사마리아 여인에게 한 말을 인용하는 것일 것이다. "누구든 이 물을 마시는 자는 다시 목마를 것이다. 하지만 내가 줄 물을 마시는 자는 누구든 절대 목마르지 않을 것이다. 그러나 내가 그에게 줄 물은 그의 안에서 영원한 삶으로 솟아나는 우물의 물이 될 것이다"

수트라들

5

신성한 사랑을 얻으면, 그는 아무 것도 걱정하지[4] 않으며,
결코 슬퍼하거나 미워하지 않으며, 아무 것에도 기뻐하지 않는다.
그는 감각들의 만족을 바라지 않는다.

나라다의 이 수트라에 상응하는 것으로서, 깨달은 영혼의 특징을 설명해 주는, 바가바드 기타에 있는 슈리 크리슈나의 말을 인용하겠다.

"그는 아트만의 희열을 알고
다른 것은 아무것도 원하지 않는다. 욕망들은 가슴을 괴롭힌다.
그는 욕망들을 포기한다.
나는 그를 깨달은 사람이라고 부른다.

역경에서도 교란되지 않고,
즐거움들을 더 욕망하지 않는다.
두려움이 없고, 분노가 없고, 애착의 대상들이 없다.
나는 그를 깨달은 사람이라고 부른다.

---

4 [옮긴이 주] 욕망하지

그는 혈육의 속박들을 깬다.

그는 운이 좋아도 기뻐하지 않고

운이 나빠도 슬퍼하지 않는다.

나는 그를 깨달은 사람이라고 부른다."

이제 이 수트라의 각 부분의 의미를 살펴보자. 그것을 얻으면 사람은 다른 어떤 것도 바라지 않는다.

샹카라는 말한다. "깨달음의 결실은 욕망의 정지이다. 욕망의 정지의 결실은 아트만의 희열의 경험이고, 그것으로부터 평화가 따른다."

욕망은 제한과 불완전의 감각으로부터 생긴다. 성취한 사람은 결핍을 느끼지 않는다. 그가 바랄 다른 무엇이 있겠는가?

산스크리트에는 두 개의 단어 즉 욕망 없음을 의미하는 니슈카마와 모든 욕망의 완전한 충족을 의미하는 푸르나카마가 있다. 신의 사람은 그 안에 완전한 충족이 있기 때문에 푸르나카마이다. 더 얻어야 하거나 성취할 것은 없다. 바가바드 기타에서는 말한다. "무한한 행복은 정화된 가슴으로는 깨달을 수 있지만 감각들로는 파악할 수 없다는 것을 그는 안다. 그래서 그는 이 깨달음에 확고히 자리를 잡는다. 그것 때문에 그는 다시는 자신의 존재의 가장 내면의 진리를 결코 떠나지 않는다."

그리고 나중에

"그것을 얻으면,

그는 그것 이상의 얻음

즉 보물은 없다는 것을 안다."

영적 수행자와 성취한 사람 사이에는 차이가 있다. 바가바드 기타를 다시 인용해 보면

"감각 쾌락의 대상들을 삼가더라도 그것들에 대한 미세한 욕망들을 가지고 있다.
지고의 실재 안으로 들어가면,
미세한 욕망들도 뒤에 남기고 떠난다."

하지만 그에게 남는 하나의 욕망이 있다. 그리고 그것은 인류 안에 있는 신을 섬기는 것이다. 깨달은 영혼의 가슴은 다른 이들의 고통에 공감해서 움직인다. 그의 가슴은 연민으로 가득 차게 된다.

슈리 라마크리슈나가 나렌에게 무엇을 가장 하고 싶으냐고 물었을 때, 나렌은 먹고 마시는 것으로 그의 육체를 지탱하기 위해 가끔 일상의 의식으로 돌아오기만 하고, 그런 다음 다시 사마디에 몰두하게 되면서, 사마디에 몰두한 채로 있고 싶다고 대답했다.

이에 대해 슈리 라마크리슈나는 말했다. "부끄러운 줄 알라! 나는 네가 그보다는 더 낫다고 생각했다." 그런 다음 슈리 라마크리슈나는 인류를 통한 신에 대한 섬김의 이상, 단지 그 자신을 위해 신의 희열을 맛보는 것이 아니라, 다른 사람들을 돕기 위해 신의 희열을 맛보는 것을 그에게 상기시켜 주었다.

바가바드 기타에서는 진정 이렇게 말했다.

"오, 아르주나!
아트만에 있는 요기들은 우주가 그들의 몸임을 안다.
다른 존재들의 즐거움들과 고통들이 그들의 것으로 느끼기에,

그들은 다른 존재들의 고통들을 감소시키고 다른 존재들의 행복들을 증가시키기 위해 노력한다.

그들은 모든 요기들 중 최고이다."

...그는 더 이상 슬퍼하지 않고, 단지 "그는 모든 창조물의 슬픔을 겪는다." 그는... 증오와 질투로부터 자유롭다.

질투 또는 증오는 충족되지 못한 욕망으로부터 생겨난다. 어느 곳에서나 자신이 사랑하는 자를 보는 사람에게 어떻게 질투나 증오가 존재할 수 있는가?

하지만 누군가 거룩한 사람을 상하게 하거나 모욕한다고 가정해 보자. 그는 어떻게 반응할 것인가? 그것에 대한 가장 좋은 예는 슈리마드 바가바탐에서 "탁발수행자의 노래"에 제시되어 있다.

탁발수행자는 몇몇 무지한 사람들에 의해 심하게 상처를 받고 모욕을 당했다. 그리고 그는 혼잣말을 하며 계속 걸어갔다. "비록 다른 사람이 당신에게 행복이나 불행을 가져다준다고 생각한다고 해도, 당신은 변함이 없는 영, 아트만이기 때문에 실제로 행복하거나 비참하지 않다. 행복과 불행에 대한 당신의 감각은 당신의 나와 육체의 잘못된 동일시로 인한 것이고, 그것만이 변화의 지배를 받는다. 당신의 나는 모두에게 있는 진정한 나이다. 잘못해서 당신의 이로 자신의 혀를 깨물었다고 해서 고통을 준 것에 대해 당신은 누구에게 화를 낼 것인가?

...그는 삶의 헛됨에서 즐거움을 취하지 않는다. 그의 가슴은 그의 안에 변치 않는 희열이 있는 영원한 보물, 브람만에게 있다. 그래서 자연적으로 그는 일시적일 뿐인 즐거움에 그의 마음을 주지 않는다.

플로티노스가 말하듯이, "더 이상 둘은 없고, 오직 하나만 있다. 영혼은 더 이상 육체와 마음을 의식하지 않고, 그녀는 자신이 바랐던 것을 가지고 있다는 것과 어떤 속임수가 있을 수 없는 곳에 자신이 있다는 것을 알고, 그 희열을 하늘 중의 모든 하늘과 바꾸려 하지 않을 것이다."

…그리고 그는 자신을 위한 어떤 것을 얻고자 하는 모든 간절함을 잃는다.

그러나 이것은 그가 기력이 없어지고 행위 하지 않는다는 의미는 아니다.

크리슈나가 바가바드 기타에서 말하는 것처럼 그것은 사실이다. "그러나 아트만을 깨달은 사람은 항상 만족한다. 그는 기쁨과 충족의 근원을 발견했기에 더 이상 외부 세상으로부터 행복을 찾지 않는다. 그때 드디어 그는 행위를 통해 얻을 것이 없으며, 행위를 하지 않음으로 잃을 것이 없다. 그러나 크리슈나는 이렇게 말하며 그의 제자에게 행위하기를 촉구한다. "일을 하는 것에 있어 너의 동기는 너의 본보기로 인해 다른 사람들을 의무의 길로 이끄는 것이어야 한다."

슈리 크리슈나는 계속한다.

"무지한 사람들은
결실들을 기대하면서 행위를 한다.
오, 바라타! 아트만을 아는 현자들은
사람들의 발이 자신의 의무의 길을 향하도록 하면서
일을 해야 한다.

일하는 사람의 가슴이

가장 높은 것에 고정되었을 때
일이 얼마나 신성한지
그들에게 본보기를 보여주라."

이 수트라의 마지막 문장에는 또 다른 의미가 있다. 그는 스스로 노력하지 않는다. 말하자면 그는 자신의 의지에 의해 행위하지 않는다. 그는 그의 의지를 신의 의지에 완전히 맡겼다.

테니슨이 말했듯이

"우리의 의지는 우리의 것, 어떻게 그런지는 알 수 없으나,
우리의 의지는 그것을 당신의 것으로 만들기 위한 우리의 것."

내가 언젠가 나의 스승, 스와미 브람마난다와 나눴던 대화는 깨달은 영혼이 어떻게 신의 의지에 의해 지시된 행위를 하는지를 보여준다. 어느 날 그는 나에게 그가 마드라스를 떠날 길한 날짜를 알아보기 위해 연감을 찾아보라고 말했다. 그렇게 하면서, 나는 미소 짓지 않을 수 없었다. 마하라지는 이것을 알아채고 나에게 왜 재미있어 하는지 물었다.[5] 나는 대답했다. "글쎄요, 마하라지, 당신은 어디론가 떠나기로 계획을 세울 때마다 항상 이런 과정을 거치지만, 그러다가 갑자기 다른 날에 떠나기로 마음을 정합니다."

이에 마하라지는 말했다. "내가 어떤 것을 내 의지에 따라 한다고 생각하는가? 헌신자들은 내가 떠날 날을 정하자고 요구하고, 그래서 계속 조르는 것을 피하기 위해 나는 임시 날짜를 정한다. 하지만 신의

---

[5] 스와미 브람마난다는 마하라지로 더 친숙하게 알려져 있었다.

의지를 알기 전까지 나는 움직이지 않고, 어떤 것을 하지도 않는다."

"당신은 항상 신의 의지에 의해 인도된다고 말씀하시는 겁니까?"라고 내가 물었다.

"그렇다."

"그러면 마하라지, 저 또한 실제로는 단지 나 자신의 성향을 따르고 있을 때, 그것을 신의 의지의 탓으로 돌리면서, 제가 신의 의지를 행하고 있다고 생각하거나 느낄 수도 있습니다. 당신이 하는 것이 그런 것이 아닙니까?"

"아니다, 나의 아들아, 그것은 똑같지 않다."

"그렇다면 당신은 실제로 신을 보고 그와 직접적으로 이야기를 나누고 그의 의지를 안다는 말씀입니까?"

"그렇다. 나는 그의 의지를 직접적으로 알고 내가 무엇을 해야 하는지 그가 말씀하실 때까지 기다린다."

"당신이 하는 모든 것에 대해서요?"

"그렇다. 내가 하는 모든 것에 대해 나는 신의 직접적 인도를 받는다."

"그래서 당신은 그가 당신이 받아들이기를 바라는 제자들만 받아들입니까?"

"그렇다."

그와의 이런 대화 후에, 나는 그의 독특한 행위 방식을 더 잘 이해하기 시작했다. 예를 들어, 우리들 중 누군가 그의 조언을 구할 때마다 그는 "기다려라, 오늘은 뇌가 작동하지 않는다," 라거나 "위가 불편해서, 내일 대답하겠다."라고 말하곤 했다. 어떤 때는 제자가 확실한 답을 얻기까지 많은 내일들이 지나갔다. 하지만 마하라지가 마침내 말을 했을 때는 언제나 그의 말 뒤에는 특별한 힘이 있었다.

6

이 사랑을 얻으면, 처음에는 희열에 취할 것이다.
그 다음에는 움직일 수 없고 조용해진다.
그는 아트만에 기뻐한다.

수트라를 설명하기 전에, 완벽한 사람에게 적용될 수 있는 외적 수행이나 행동의 획일적인 기준이 없다는 것을 지적하겠다. 일반적으로, 사람들은 그가 어떻게 행위하고 행동해야 한다고 생각하는지에 대한 그들 자신의 기준에 의해 거룩한 사람을 판단한다. 거룩한 사람은 어떤 관습에도 얽매이지 않는다. 하지만 모든 깨달은 영혼들의 내면의 경험은, 그들이 힌두교도, 기독교도, 이슬람교도, 또는 유대교도이든, 가장 높은 의식 수준에서 하나이며 동일하다. 그들은 모두 희열과 달콤함의 내적 경험을 가지고 있다. 그러나 외적으로는 일상의 의무를 행하는 평범한 사람들처럼 보일 것이다.

슈리 라마크리슈나는 완벽한 영혼을 다음과 같은 방법으로 묘사했다. 그는 때로는 다섯 살 아이처럼 행동할 것이고, 취하거나 미친 것처럼 보일 수도 있다. 아니면 그는 겉으로 보기에 기력이 없을 즉 조용하고 움직임이 없을 수도 있다. 그는 어떤 법칙이나 규칙에도 얽매이지 않지만, 그가 하는 어떤 것도 비도덕적이고 비윤리적이지 않을 것이다. 그의 행위와 동기는 꽃이 향기를 내뿜듯이, 이기적이지 않으려는 노력이 없이도 이기적이지 않다.

나는 또한 깨달은 영혼이 내적 성품으로는 "꽃잎보다 더 부드럽지만" 어떻게 "천둥보다 더 강하게" 보일 수 있는지를 보았다.

나의 스승은 때때로 나를 심하게 꾸짖곤 했다. 하지만 나는 그가 나를 사랑하기 때문에 나를 바로잡아준다는 것을 가슴속으로 항상 알고 있었다. 하루는 그가 나에게 말했다. "어머니가 무릎에 아기를 올려두고 찰싹 때렸다. 그러자 아기는 '엄마, 엄마'하고 울었다."

그는 … 도취된다 … 신성한 어머니의 헌신자인 람프라사드의 노래에 이런 구절이 있다. "어머니의 축복받은 발밑에서 넥타를 마셨기에 나의 마음이 도취되지만, 술꾼들에게는 내가 술꾼으로 보일 뿐이다."

찬도기야 우파니샤드에서는 영적으로 취한 사람에 대한 생각을 다음과 같은 방식으로 상징적으로 표현해주는 구절을 찾을 수 있다. "브람만의 세상에는 그 물이 넥타와도 같은 호수가 있고, 그것을 맛보는 사람은 누구나 즉시 기쁨에 취한다. 그리고 그 호수 옆에는 불멸의 즙을 내는 나무가 있다."

하루는 슈리 라마크리슈나의 제자, 스와미 쉬바난다가 우리에게 말했다. "아침 일찍 일어나서 명상을 하고 만족할 때까지 자파를 행하라. 그것이 너희의 가슴을 더 높은 수준으로 유지시켜 줄 것이다. 나는 스스로 그렇게 한다. 나는 아침에 명상을 하는데, 말하자면 도취되어 하루가 다 지나간다."

이와 관련해서 스와미 브람마난다의 제자가 푸리의 자간나트 사원을 방문하는 동안 그가 경험했던 신성한 도취에 대해 한 설명을 인용하겠다. 그는 오직 그의 구루의 은총과 신의 은총을 통해서만 그런 경험이 그에게 가능하다고 항상 느꼈다.

이것은 그의 말이다. "나는 나의 형제–제자와 함께 자간나트 사원으로 순례를 갔다. 사제들 중 한 명이 우리의 안내자였다. 가장 깊은 곳에 있는 성소에 들어가기 위해서는 거대한 사원의 안쪽에 있는 성소의 왼쪽 통로를 지나야만 한다. 우리가 이 통로로 들어가려 할 때, 나는 갑자기 나를 덮치는 천둥소리 같은 것을 들었다. 여기에서 나는 어떤 특별한 경건함이나 헌신을 가지고 성소에 접근하고 있는 것이 아님을 인정해야 한다. 사실 나는 가슴이 조금 메말라 있었다.

잠시 동안, "천둥"이 실제로 내리친 것처럼 나는 두려웠다. 하지만 나는 의식을 잃었기 때문에 계속 두려워할 시간이 없었다. 나는 형제–제자가 사제에게 나의 왼쪽 팔을 잡아달라고 하는 것을 희미하게 들었다. 그는 이미 내 오른팔을 잡고 있었다. 그들이 내 팔을 잡은 후에, 나는 누군가 나를 받쳐주고 있다는 것을 의식하지 못했다. 내가 누구인지 또는 내가 어디에 있는지는 의식하지 못했지만, 내 안에는 약간의 의식이 분명 남아있었을 것이다. 나는 마치 와인 몇 병을 마신 것처럼 취한 것을 느꼈고, 발을 질질 끌었던 기억이 난다. 그리고 난 뒤 지성소에 더 가까이 갔고, 그곳에서, 나의 모국어는 벵골어이지만, 영어로 God, God, God라는 말이 내 안에서 생겨났다. 그런 다음 전율이 나의 전체를 꿰뚫었다.

그리고 내부의 성소에 들어갔을 때, 나는 외부 세계에 대해 완전히 의식하지 못하게 되었다. 내가 가진 것은 갑자기 열린 비전을 내가 경험하고 있다는 자각이 전부였다. 나는 눈이 떠졌는지 감겼는지 모르겠다. 내 주위에 벽이 둘러쳐진 성소를 보지도 못했고, 분명 그곳에 있었을 순례자들의 무리를 본 것도 아니며, 성소 안에서 신의 형상을 본 것도 아니다. 나는 오직 빛의 바다와 나를 강타하는 희열의 파도만을 보았는데, 그것은 강도가 커져서 도저히 설명할 수가 없었다.

"얼마나 오랫동안 내가 성소에 있었는지 나는 모르겠다. 하지만 성소에서 나와서 사원의 야외 정원에 서 있었을 때, 나의 팔이 잡혀 있는 걸 느낀 것은 기억한다. 나는 똑바로 서서 자유롭게 몸을 흔들었다.

"훨씬 후에 나는 형제-제자에게 내가 의식을 잃을 것을 어떻게 알았는지 물었다. 그는 간단히 대답했다, '저는 마하라지와 오래 살았습니다. 그래서 제가 아는 거죠.'"

사실 마하라지와 슈리 라마크리슈나의 다른 제자들이 신의 희열에 도취된 횟수를 세는 것은 불가능하다. 우리는 그들이 그 희열에 빠져 있는 것을 종종 봤다. 슈리 라마크리슈나에 대해 말하자면, 그는 어떤 양상들aspects에서 신의 이름을 말하는 것만으로도 도취되곤 했다. 그가 신성한 어머니의 사원에 갔을 때, 그리고 돌아왔을 때, 그는 너무 취해서 항상 제자가 그를 붙잡기 위해 같이 있곤 했다. 한번은 슈리 라마크리슈나를 모르는 한 남자가 그가 그런 상태에 있는 것을 보고는 말했다, "저 사람은 틀림없이 인사불성으로 취했습니다!"

슈리 라마크리슈나의 복음서에는 이 상태에 대한 아름다운 묘사가 있다. "갑자기 스승이 일어나, 어머니의 이름을 되풀이하면서 사마디에 들어갔다. 그는 감각 수준으로 조금 내려와, 춤을 추고 노래했다.

"나는 보통의 포도주가 아니라
영원한 희열의 포도주를 마신다.
나의 어머니 칼리의 이름을 되풀이하면서,
그것은 나의 마음을 취하게 해서
사람들은 내가 취했다고 생각한다!
처음에 나의 구루가 나에게 포도주를 만들 당밀을 준다.

나의 바람은 그것을 변형시키는 발효이다.

그러면 포도주를 만드는 자인 지식이 나를 위해 그것을 준비한다.

그리고 그것이 완성되면,

그것을 순수하게 만드는 어머니의 이름을 취해서

나의 마음은 만트라의 병으로부터 그것을 마신다.

이 포도주를 마셔라, 람프라사드가 말한다.

그러면 삶의 네 가지 결실은 너의 것이다."[6]

힌두교의 헌신 문학에서 신의 이름을 말하는 것은 "신의 이름의 넥타를 마시는 것"이라고 묘사된다.

신의 희열에 대한 도취의 유사한 경험은 세상의 모든 종교의 신비주의자들의 삶에서 발견된다.

스베타스바타라 우파니샤드에는 "명상의 수련으로 안에 있는 나에 불을 붙여라. 신성한 사랑의 포도주에 취하라. 이렇게 당신은 완벽에 이를 것이다."라고 적혀 있다.

그것을 깨닫고... 나는 산스크리트 단어 갸트와jnatwa를 "깨닫다"로 해석했는데 실재, 즉 영원히 사랑받는 이는 영원히 우리 가슴의 성소 안에 있기 때문이다. 그는 물건처럼 우리 외부로부터 얻어지지 않는다. 하지만 안에 있는 신의 왕국은 드러나게 된다.

그는 ...기력이 없거나 조용하게... 보일 수 있다. 이것은 세 가지 일상적인 의식의 상태 즉 깨어있음, 꿈, 꿈이 없는 잠의 상태를 초월하는 통합 의식의 경험인 사마디를 말한다. 우리 현시대의 모든 예시

---

[6] 슈리 라마크리슈나의 복음서, 스와미 니킬라난다 번역 (뉴욕: 라마크리슈나-비베카난다 센터, 1942), p.95

들 중에서 슈리 라마크리슈나가 매일 여러 번 사마디에 들어갔다고 알려진 사람이다. 그래서 나는 슈리 라마크리슈나의 복음의 (목격자였던) M.의 말을 인용해서 그의 상태를 설명할 것이다.

"... 이상한 변화가 슈리 라마크리슈나에게 밀려왔다 ... 라칼[7]을 보고, 그의 눈은 그녀의 아들 크리슈나에 대한 어머니 야소다의 사랑과 같은 극도의 부드러움을 보여주었다. 그는 목소리에 강렬한 사랑을 담아 '고빈다, 고빈다'라는 신성한 이름을 말하고 깊은 사마디에 들어갔다. 헌신자들은 놀라움에 충격을 받아 그를 쳐다보았다. 그의 몸은 마치 동상처럼 움직임이 없었다. 그의 감각들과 감각기관들은 완전히 기능을 멈추었다. 그의 눈은 코끝에 고정되어 있었고, 그의 호흡은 거의 멈추었다"

슈리 라마크리슈나는 또한 그의 대화 중 하나에서 최고의 지혜를 얻은 사람의 징후는 조용해지는 것이라고 지적했다.

샹카라는 말한다. "이 침묵의 상태는 완전한 평화의 상태로, 그 안에서는 지성이 실제가 아닌 것에 몰두하는 것을 멈춘다. 이 침묵에서, 브람만을 알고 그와 하나인 위대한 영혼은 영원히 순수한 희열을 누린다."

그는 ... 아트만 안에서 기쁨을 얻는다. 이것은 브람만의 진리를 깨달은 후에 일상의 의식으로 돌아오는 신의 사람을 가리킨다.

비베카추다마니[8]에서 샹카라는 브람만을 아는 사람이 사는 상황을 아름답게 묘사했다. "브람만의 바다는 넥타 즉 아트만의 기쁨으로 가득 차 있다. 그곳에서 내가 찾은 보물은 말로 설명할 수 없다. 마음은

---

7 라칼은 나중에 스와미 브람마난다가 되었다.
8 샹카라의 분별력의 최고의 보석, 스와미 프라바바난다와 크리스토퍼 이셔우드 번역. (베단타 출판, 1947)

그것을 상상할 수 없다. 나의 마음은 브람만의 광대한 바닷속으로 우박처럼 떨어졌다. 그 한 방울을 만지고 나는 녹아서 브람만과 하나가 되었다. 그리고 이제, 나는 인간의 의식으로 되돌아가지만, 아트만의 기쁨 안에 머물러 있다."

7

사랑은 자신의 모든 욕망들을 점검하는 것이기에,
거기에는 욕망이라는 것은 조금도 없다.

이 문맥에서, 박티는 신에 대한 지고하고 강렬한 사랑을 의미한다. 헌신자의 가슴속에서 황홀하게 사랑하는 신에 대한 미칠 것 같은 사랑이 생겨날 때, 이 우주의 대상이나 즐거움에 대한 어떤 욕망도 그에게는 더 이상 남아 있지 않다. 사람이 신을 찾으면, 그의 모든 욕망은 그 안에서 충족된다. 만약 당신이 물이 맑고 깨끗한 큰 강의 둑에 살고 있다면, 당신은 갈증을 해소하기 위해 우물을 팔 필요가 없다.

샹카라는 이와 같이 신-인간의 희열을 설명한다. "자아는 사라졌다. 나는 나와 브람만의 동일성을 깨달았고 그래서 나의 모든 욕망은 녹아버렸다. 나는 이 눈에 보이는 우주에 대한 나의 무지와 지식을 넘어섰다. 내가 느끼는 이 기쁨은 무엇인가? 누가 그것을 측정할 것인가? 나는 한이 없고 무한한 기쁨밖에는 알지 못한다."

여기 스와미 비베카난다가 아직 나렌이라고 알려져 있던 젊은이였을 때, 그의 삶에서 한 사건이 있다. 그것은 박티 그 자체가 세상의 욕망에 대한 점검임을 보여준다.

"1884년 초, 나렌의 아버지 비스와나트가 심장마비로 죽었다. 그는 한동안 괴로워했다.... 비스와나트의 재정 문제를 살펴보게 되었을 때, 그가 번 것보다 더 많이 쓰고 있었고 빚만 남겼다는 것이 밝혀졌다.... 나렌은 다시 에너지를 얻고 일자리를 찾으려고 애썼다. 그는 변호사 사무실에 자리를 얻었다. 그는 책을 몇 권 번역했다. 하지만 이것은 임시직이었다. 그것은 그의 어머니와 형제들에게 실제적 보장을 가져다주지 못했다. 그래서 나렌은 라마크리슈나에게 가족의 돈 문제가 해결될 수 있도록 그를 위해 기도해 달라고 부탁하기로 했다. 라마크리슈나는 나렌이 직접 기도해야 한다고 대답했다. 그는 이전의 양심의 가책을 잊고, 신성한 어머니의 존재를 받아들이며, 그녀의 도움을 위해 기도해야 한다.

라마크리슈나가 덧붙였다. '오늘은 어머니께 특별히 신성한 날, 화요일이다, 오늘 밤 사원으로 가서 기도하여라. 어머니는 네가 부탁하는 것은 무엇이든 들어주실 것이다. 내가 약속한다.'

"9시에 라마크리슈나는 그를 사원으로 보냈다. 나렌이 그곳에 가는 길에, 일종의 취기가 그를 사로잡았다. 그는 비틀거리고 있었다. 그리고 사원에 들어갔을 때, 그는 곧바로 신성한 어머니가 실제로 살아 있음을 알았다. 나렌은 압도되어 그녀의 성소 앞에 계속해서 엎드려서 소리쳤다. '어머니, 저에게 분별력을 허락하소서. 저에게 초연을 허락하소서. 저에게 신성한 지식과 헌신을 주소서. 제가 언제나 방해물 없이 당신을 보게 하소서!' 그의 가슴은 평화로 가득 찼다. 우주는 그의 의식으로부터 완전히 사라졌다. 어머니만이 남았다.

나렌이 사원에서 돌아왔을 때, 라마크리슈나는 그에게 그의 가족의 결핍의 구제를 위해 기도했는지 물었다. 나렌은 깜짝 놀랐다. 그는 그렇게 하는 것을 잊어버렸다. 라마크리슈나는 그에게 빨리 돌아가서 기도를 하라고 말했다. 나렌은 따랐지만 그는 다시 희열에 취해서, 그의 의도를 잊고 이전처럼 초연, 헌신, 그리고 지식을 위해서만 기도했다. '어리석은 소년이여!' 그가 돌아와 이것을 털어놓았을 때, 라마크리슈나가 말했다. '너는 자신을 조금 자제하고, 그 기도를 기억할 수 없었느냐? 다시 돌아가서 어머니께 네가 원하는 것을 말하라. 어서!' 이번에 나렌의 경험은 달랐다.

그는 기도를 잊지 않았다. 그러나 세 번째로 성소 앞에 왔을 때, 그는 깊은 수치심을 느꼈다. 그가 부탁하려 했던 것은 비참할 정도로 사소하고 가치가 없어 보였다. 후에 그는 말했다. '그것은 왕으로부터 정중하게 받고 나서 박과 호박을 요구하는 것과도 같았다.' 그래서 다시 한 번 그는 초연, 헌신, 지식만을 요구했다."[9]

그러나 라마크리슈나는 "그들에게는 결코 소박한 음식과 옷이 부족하지 않을 것이다."라고 말하며 나렌의 가족을 축복했다.

이것은 어떤 영적 수행자의 경험 안에서는 사실이다. 그가 신에게 더 가까이 갈수록, 그의 가슴은 사랑과 헌신으로 가득 차서 다른 어떤 욕망을 위한 자리도 없다. 신들의 왕인 인드라의 자리를 얻는 것조차도, 신성한 어머니가 자애로운 시선을 던진 자에게는 아무것도 아닌 것으로 보일 수 있다고 말하는 람프라사드의 노래가 있다.

---

[9] 크리스토퍼 이셔우드, 라마크리슈나, 그리고 그의 제자 (뉴욕: Simon and Schuster, 1965).

8

이 포기는 세상적이거나 종교적인 모든 활동들을
신에게 바치는 것이다.

포기라는 단어는 음울하게 들린다. 하지만 사실 그것은 아이스크림을 위해 달콤한 우유를, 더 큰 것을 위해 더 작은 것을 포기하는 것을 의미한다. 당신은 더 나은 것을 대가로 받는다.

거룩한 사람과 왕에 대한 이야기가 있다. 왕이 거룩한 사람에게 와서 말했다. "당신은 아주 대단한 포기를 했습니다." 거룩한 사람이 대답했다. "아닙니다, 당신이 더 대단한 포기를 한 사람입니다. 아시다시피, 저는 무한하고 영원한 것을 위해 유한하고, 보잘것없고, 덧없는 것들을 포기했습니다. 하지만 당신은 영원하지 않은 삶을 위해 영원한 것을 포기했습니다. 이러니 당신의 포기가 저의 포기보다 더 위대합니다."

슈리 라마크리슈나는 포기의 이상은 자연스럽게 커져야 하며, 포기하도록 자신에게 강요해서는 안 된다고 말하곤 했다. 그는 이 예를 들었다. 상처가 완전히 아물기 전에 딱지를 떼려고 하면, 상처는 더 심해질 것이다. 딱지가 마르게 두면, 그것은 저절로 떨어질 것이다.

마찬가지로, 당신은 신을 향해 가고, 순수한 헌신을 위해 기도하고, 신을 사랑하는 법을 배워야 하며, 그 사랑이 가슴속에서 자라날 때, 열정은 자연스럽게 통제되고, 가슴은 세상적인 것에 집착하기를 멈출 것이다. 이와 같이 사랑의 길은 가장 자연스럽고 따르기에 가장 쉽다.

왜냐하면 당신이 신에 대해 더 많이 생각할수록 가슴속에서 사랑은 커질 것이고, 사랑이 커지면 분별력, 초연함, 그리고 가슴의 순수함이 자연스럽게 생길 것이기 때문이다. 주어진 비유는 신이 큰 자석이고 우리의 열정과 세상적인 즐거움은 더 작은 자석이라는 것이다. 하지만 이 더 작은 자석이 우리를 끌어당길 때, 우리는 우리 마음속에 모인 얼룩과 먼지 때문에 더 큰 자석이 끌어당기는 것을 느끼지 못한다. 그러나 만약 우리가 신을 갈망하고 그를 위해 운다면, 얼룩과 먼지는 씻겨 나가고, 우리는 큰 자석인 신의 끌림이 신성한 은총임을 느낀다.

완벽한 영혼은 욕망도 없고 갈망도 없다. 그의 세상성 포기는 그에게 자연스럽게 되었다. 그는 의식적으로, 완전한 자각으로 "신 안에서 살고, 움직이고, 그의 존재를 가진다."

포기는 모든 활동들을 피하는 것이 아니라, 세상적이든 영적이든, 신의 사람의 모든 행동들이 신에게 바쳐진다는 것을 의미한다. 그의 일은 신의 숭배가 된다. 그는 세상에서 살 수는 있지만 그것에 속하지는 않는다. 슈리 라마크리슈나가 말했던 것처럼, "배가 물 위에 머물러 있게는 두지만, 물이 배 안에 있게 하지는 말라."

바가바드 기타는 말한다. "사실 아트만에 대한 지식이 없는 보통의 사람들은 잠시 동안일지라도 행위를 하지 않고 있을 수 없다. 그들은 어쩔 수 없이 자연에서 나온 구나들에 의해 행위 하도록 강요당한다. 활동으로부터의 자유는 결코 행동의 자제에 의해 성취되지 않는다.

단지 행위하기를 멈추는 것만으로는 누구도 완벽해질 수 없다.

사실, 잠시라도 활동으로부터 쉴 수 있는 사람은 아무도 없다. [여기에서 활동은 의식적이든 잠재적이든, 또한 정신적 행위를 의미한다.] 모든 것들은 구나에 의해 어쩔 수 없이 행위하기를 강요당한다.

행위의 기관들은 행위를 하지 않고 있지만 마음으로는 감각의 대상들을 생각하면서 앉아 있는 사람은 자신을 속이고 있다. 그는 위선자이다. 육체적 행위를 포기하지만 여전히 그의 마음이 그의 감각적인 욕망의 대상들에 머물러 있게 하는 사람은 스스로를 속이는 것이다. 그는 단지 위선자라고 불릴 수 있다.

그러나 오, 아르주나! 마음으로 감각들을 통제하면서 행위의 결실에 대한 기대 없이, 자아 없이 행위의 기관들로서 행위를 한다면, 그는 위선자들보다 진정 더 훌륭하다. 진정으로 존경할만한 사람은 자신의 의지력으로 감각들을 통제한다. 그의 모든 행위는 객관적이다. 모든 것은 브람만과의 합일을 위한 길로 인도된다.

행위가 신의 숭배로서 행해지는 때를 제외하고 세상은 그 자신의 활동에 갇혀있다. 그러므로 당신은 모든 행위를 신성하게 행하고 결과에 대한 모든 집착으로부터 벗어나야 한다."

슈리 크리슈나는 사람의 모든 활동을 통해 신을 숭배하는 비밀을 가르친다.

"그러므로 아르주나,
그대가 무엇을 하든, 무엇을 먹든,
무엇을 숭배로 바치든,
무엇을 주든, 무슨 고행을 하든,
그것들을 내 앞에 공물로 두어라."

샹카라는 일의 이런 비밀을 깨닫고 말했다. "오, 신이시여! 제가 무엇을 하든, 그 모든 것은 당신의 숭배입니다."

세상성은 "나"가 행위자라고 느끼는 것을 의미하며, 세상적 대상과 사람에 대한 집착은 "나"가 그것들을 소유하고 있고, 그것들이 "나"에게 속해 있으며 그것들이 "나의 것"이라고 느끼는 것을 의미한다.

슈리 라마크리슈나는 종종 말하곤 했다. "나는 기계이고, 당신께서는 조작하는 분이십니다. 저는 집이고, 당신께서는 집 안에 사시는 분이십니다. 제가 그렇게 하도록 당신께서 만드는 대로 저는 하고, 제가 그렇게 말하도록 당신께서 만드는 대로 저는 말합니다."

신은 우리 가슴 안에 있는 지배자인 왕이지만, 무지를 통해 우리가 우리 안에 있는 그의 자애로운 존재를 잊어버리게 되었을 때, 우리는 그의 왕좌를 찬탈했다. 우리는 잘못된 자아의식을 피하고 안에 있는 신인 진정한 왕이 모든 면에서 우리를 지배하고, 우리를 인도하도록 해야 한다. 밤낮으로 말하라. "제가 아니라, 제가 아니라, 당신께서 저의 주인이십니다."

완벽한 영혼은 모든 잘못된 자아의식으로부터 자유롭게 되어서, 그 자신을 신에게 완전히 굴복하여 그와의 합일을 성취했다.

영적 수행자는 깨달음을 얻은 자들의 삶과 행위를 모방하려고 노력해야 한다. 그는 신과의 합일이라는 목표를 항상 자기 앞에 두어야 한다. 이 목표에 이르는 가장 좋은 방법은 합일이 먼 미래가 아니라 언제라도 이루어질 수 있다는 믿음을 기르는 것이다. 하지만, 동시에 그는 인내심을 가져야 한다. 인내와 끈질김은 진정한 영적 수행자의 두 가지 특징이다.

9

이 포기는 신을 향한 오롯한 사랑이다.
이 사랑에 방해가 되는 어떤 것이든 그는 관심이 없다.

그의 온 영혼은 신을 향해 간다.
다른 말로 하면, 그는 모든 면에서 그와 하나가 된다. 사람은 살아 있는 한 열정을 가지고 있다. 하지만 박타의 열정은 승화되었다. 즉, 그것은 신에게로 향해진다. 거기에는 억압이 없다. 온 영혼이 신을 향해 갈 때, 더 많은 일들이 일어난다. 그런 사람의 삶은 연민으로 녹아든다. 신은 사랑이다. 그의 사랑은 동기가 없다. 헌신자가 신에 대해 더 많이 생각하기 시작하고, 영적 삶의 수련들을 따르기 시작할 때, 그는 그들의 약함과 인간의 결함에도 불구하고 모든 존재들을 향한 이 동기가 없고 압도적인 신의 사랑을 깨닫는다. 신을 사랑함으로써 헌신자는 똑같은 사랑을 경험한다. 그는 그가 사랑하는 자의 얼굴을 어디에서나 보기 시작하고, 모든 것 안에 있는 신을 섬기기 위해 살아간다.
우리는 슈리 라마크리슈나의 제자들을 만나는 축복받은 행운이 있었는데, 그들은 우리에게 이 신성한 사랑의 화신들이었다. 그들에게 가장 끌렸던 점은 우리를 향한 그들의 동기 없는 사랑이었다. 우리는 그들에게 줄 것이 아무것도 없었지만 그들은 우리의 부모님이나 친구 또는 어떤 평범한 인간들보다 우리를 더 많이 사랑했다.

　더욱이 신에 대한 온 영혼을 다한 사랑을 가진 헌신자는 이기심으로부터 벗어난다. 그의 의지는 신의 의지와 하나가 되었다. 물론, 인류를 가르치기 위해서, 그는 자아의식을 가져야 하지만, 그의 자아는, 슈리 라마크리슈나가 말했듯이, "지식의 자아"이다. 그것은 아무런 해가 되지 않는다.

　스와미 브람마난다는 비베카난다가 브람만으로부터 분리된 "나" 의식에서 완전히 벗어났다고 나에게 말한 적이 있다. 슈리 라마크리슈나의 또 다른 제자인 스와미 투리야난다는 나에게 말했다, "스와미지[비베카난다]가 '나'라는 단어를 사용할 때면, 그의 '나'는 '우주적 나, 브람만'과 동일시되었다."

　박타의 포기는 그의 온 영혼이 신에게 향해 가는 것과, 신에 대한 사랑에 방해가 되는 어떤 것이든 그는 거부한다는 것을 의미한다. (다음에 나오는 두 개의 경구에서 더 자세히 설명할 것이기 때문에, 독자의 편의를 위해 앞의 수트라를 반복한다.)

10

모든 다른 피난들을 포기하고 신에게 피난하는 것이
오롯한 사랑이다.

스와미 비베카난다는 이렇게 말했다. "만약 '나는 신 이외에는 아무 것도 소유하지 않는다,'라고 나서서 말할 수 있는 몇몇 영혼들만 있다면, 그들은 세상을 바꿀 수 있을 것이다"

사람은 안전을 추구하지만, 어떻게 그리고 어디에서 그것을 찾을 수 있는가? 대부분의 사람들은 세상이 제공하는 모든 것을 가지고 있다고 해도 여전히 불안을 느낀다. 우리는 부나 소유물이 우리에게 안정감을 줄 수 있다고, 또는 이름과 명성, 또는 쾌락들이나 즐거움의 대상들이 우리를 행복하게 하고 안정감을 줄 수 있다고 생각할 수 있다. 하지만 결국에는 우리가 여전히 불안하다는 것을 깨닫고 우리는 좌절을 느낀다. 유일한 안전은 우리 존재의 가장 내면의 나인 신에게서 찾아야 한다. 다른 모든 것은 우리를 실망시키겠지만, 신은 결코 우리를 실망시키지 않는다. 우리는 그의 안에서만 피난처를 구해야 한다.

영적 투쟁을 통해 우리가 신에 대한 끊임없는 묵상 안에 자리 잡게 될 때, 우리 가슴속에서 신에 대한 진정한 사랑이 생겨날 때, 그때서야 우리는 "그는 우리의 지고의 목표이고, 그는 우리의 지지이고, 그는 우리가 사랑하는 신이고, 그는 우리 안에 있는 목격자이고, 그는 우리의 지고의 거처이고, 그는 우리의 진정한 피난처이고, 그는 우리의 진정한 친구이다."라는 것을 깨닫게 된다.

  온 영혼이 신을 향해 가는 헌신자는 "나의 단 하나의 힘은 신이고, 나의 단 하나의 보물은 신이며, 나의 단 하나의 피난처는 신이다."라는 것을 가슴속으로 안다.

  스와미 비베카난다의 헌신적인 제자 스와미 사다난다는 스와미지에게 그의 유일한 피난처를 구했는데, 왜냐하면 이 제자에게는 그의 구루 스와미지가 신이었기 때문이다.

  그는 병석에 있었고 도움 없이는 움직일 수가 없었다. 그에게는 그에게 헌신적인 두 어린 형제가 있었는데, 그들은 그를 극진히 보살폈다. 한번은, 그를 섬길 그들이 없다면 스와미는 무력하다는 생각이 그들에게 들었다. 스와미가 그들의 생각을 읽고 그들에게 말했다.

  "여기를 보라. 나는 스스로는 움직일 수 없다. 하지만 너희는 나를 길에 두고 간다. 나의 스와미지가 와서 나를 돌보고, 나를 헌신적으로 섬길 것이다." 이것이 진정한 믿음이며, "신은 나의 유일한 피난처이다."라는 말이 뜻하는 바이다.

11

이 사랑에 방해되는 어떤 것이든 포기한다는 것은
신에 대한 사랑에 일치하는
세상적이거나 종교적 활동들을 한다는 의미이다.

진정한 헌신자는 신을 잊게 만들 그런 행위들에 관여하는 것을 피한다. 무엇이 좋은 행동이고, 무엇이 나쁜 행동인가? 무엇이 옳은 것이고 무엇이 잘못된 것인가? 한 가지 기준은 신 안에 당신의 마음을 두도록 도와주고, 계속해서 신을 기억하도록 도와주는 것은 좋고 옳은 것이고, 나쁘거나 잘못된 것은 당신이 신을 잊게 만들고, 당신을 신으로부터 멀어지게 하는 것이다.

이와 관련해서, 카타 우파니샤드에서 어린 소년 나치케타에게 주는 불멸의 비밀에 대한 야마의 가르침을 인용하겠다.

"좋은 것과 즐거운 것은 별개의 것이다. 그 목적이 다른 이 둘은 둘 다 즉각 작용한다. 좋은 것을 선택하는 자들은 축복받았다. 즐거운 것을 선택하는 자들은 목표를 놓친다. 좋은 것과 즐거운 것은 둘 다 인간에게 나타난다. 현명한 사람들은 둘 다 살펴보고, 서로를 구별한다. 현명한 사람들은 즐거운 것보다 좋은 것을 더 좋아한다. 어리석은 사람들은 육체적인 욕망에 사로잡혀 좋은 것보다 즐거운 것을 더 좋아한다."

12

자신의 영적 삶이 신에 확고하게 자리를 잡지 않는 한
경전들의 보호를 받아야 한다.

사람이 신에 대한 강렬한 사랑을 얻을 때까지, 그는 경전들의 명을 따라야 한다. 왜냐하면 경전들은 영적 수행자에게 드러난 진리이며 안내자이기 때문이다. 영적 수행자는 슈랏다, 즉 그의 구루의 말들과 경전의 말들에 대한 믿음을 가져야 한다고 했다.

또한 슈리 크리슈나는 바가바드 기타에서 선언했다. "그러나 경전의 가르침들을 버리고, 자신의 욕망들의 충동에 따라 행위하는 사람들은 삶의 목표도 놓치고, 행복과 성공까지도 놓친다. 경전들의 계율을 무시하고, 그의 욕망의 충동에 따라 행위하는 자는 완벽, 행복, 또는 최고의 목표에 이를 수 없다. 그러므로 그대가 해야 할 것과 피해야 할 것을 결정할 때, 경전들이 그대의 권위가 되게 하라. 먼저 경전들이 가르치는 대로 행위의 길을 배워라. 그런 다음 그들에 따라 행위를 하라."

목표를 이룰 때까지 어떻게 경전을 따라야 하는지를 보여주는 라마크리슈나의 비유가 있다. 한 사람이 그의 가족으로부터 그가 집으로 사서 가져가야 하는 물건들의 목록이 담긴 편지를 받았다. 그는 목록을 잃어버리고 걱정이 되었다. 오랫동안 찾은 후에, 그는 목록을 발견했다. 그는 그것을 읽고 거기에 적힌 모든 물건을 샀다. 그런 다음 그는 편지를 버렸다. 그는 더 이상 그것이 필요하지 않았다. 마찬가지로, 영적 수행자는 목표를 실현할 때까지 경전들의 명을 따라야 한다. 그 후에 경전들이 무슨 필요가 있겠는가?

　슈리 라마크리슈나는 또 다른 예를 들었다. "너는 더울 때만 부채질하기 위해 부채가 필요하다. 하지만 봄바람이 불면, 부채는 더 이상 필요하지 않다."

　슈리 크리슈나는 바가바드 기타에서 말한다. "모든 곳에 물이 차 있을 때 저수지가 소용이 없는 것처럼, 아트만을 깨달은 사람들에게는 베다들이 아무런 소용이 없다."

13

그렇지 않으면
떨어질 위험이 있다.

　만약 아직 신 의식을 얻지 못하고 신에 대한 계속적인 묵상 안에 자리 잡게 된 사람이 경전들과 그의 구루가 규정한 영적 수련들을 따르기를 거부한다면, 감각적 쾌락의 과거 인상들, 그리고 세상적 대상과 사람에 대한 집착이 그를 위협하기 위해 생겨날 위험이 항상 있을 것이다.
　그러면 그는 신과의 합일의 길에서 떨어질 것이다.

14

신을 향한 사랑이 강렬하지 않는 한
사회적 관습들과 관행들을 따라야 한다.
육체가 지속되는 한 먹고, 마시는 등의
자연적 행위들을 포기해서는 안 된다.

사회적 관습들과 관행들은 경전들에 의해 구체적으로 명해지는 것은 아니다. 그것들은 나라마다, 인종마다 다르다. 예를 들어, 다른 나라의 사람들은 다르게 옷을 입는다. 이 관습들과 관행들은, 비록 전통적이기는 하지만, 가슴속에서 신에 대한 강렬한 사랑이 자랄 때까지 지켜져야 한다. 거룩한 어머니는 이 효과에 대해, 사람은 자신이 처한 상황에 따라 명해진 대로 행위하고 행동해야 한다고 말한다.

그리고 성 암브로시오의 말이 있다. "로마에 있으면, 로마의 양식대로 살아라." 신의 사람은 외적인 형상에 대해 잊어버리게 될 수도 있고 그것을 엄격하게 지키기를 기대할 수도 없다.

그러나 신의 사람은 육체의 유지를 위해 먹고, 마시고, 자는 등의 그런 자연적이고 생물학적인 활동들을 등한시하지 않고, 그의 건강도 소홀히 하지 않는다. 신의 사람은 그의 마음과 몸을 그 자신에게 속한 것이 아니라 그의 안에 깃들어 있는 영인 신에게 속한 것으로 생각한다.

15

**신성한 사랑은
견해들에 따라 다양하게 설명되고 있다.**

우리가 이미 살펴본 처음 몇 개의 수트라들은 지고한 사랑의 특징들을 신을 향한 것으로 정의했다.

다음 몇 개의 수트라들에서, 나라다는 다른 위대한 선지자들이나 현자들이 제시한 박티, 즉 신성한 사랑의 정의를 인용하고 있다. 보게 될 바와 같이, 박티에 대한 이 정의들은 신에 대한 지고의 사랑에 이르는 길과 방법을 보여준다. 이 정의들이 다르게 보일 수는 있지만, 실제로는 그렇지 않다. 나라다는 신성한 사랑의 특징에 대한 완전한 설명을 위해 그것들 모두를 포함하고, 그는 그 모든 것을 자신의 정의와 조화시킴으로써 끝낸다.

최고의 진리는 말로는 표현될 수 없다. 슈리 라마크리슈나가 말했듯이, 신의 지고의 진리는 "인간의 입술을 통해서 더럽혀진 적이 없다". 즉 말로 표현된 적이 없다. 그는 또한 말한다. "베다와 세상의 다른 경전들까지도 인간의 입술에 의해 말해졌기 때문에 더럽혀졌다." 모든 진리들 중의 진리인 그 진리는 오직 경험되어야 하는 것이다. 그리고 신의 사람이 그것을 경험할 때, 그는 말하자면 넘칠 만큼 가득 차게 된다. 그는 조용해진다.

그렇지만 우리는 선지자들과 현자들이 그 사랑의 포도주를 많이 마시고는, 진리를 입 밖에 내려고 하는 것을 발견한다. 그리고 그들은 다르게 말한다. 이것은 그들이 진리의 한 측면만을 표현할 수 있기 때문이다. 오직 상대적 진리만 표현될 수 있고, 절대적인 것은 그럴 수 없다.

그리스도, 붓다, 라마크리슈나도 상대적 관점에서만 표현할 수 있다. 이런 이유로, 때때로 그들의 표현은 다를 수 있다. 그들은 모순되는 것이 아니라 보완적이다. 예를 들어 태양의 사진을 찍고 싶다고 가정해 보라. 당신은 서 있는 곳에서 사진을 찍는다. 그런 다음 당신은 태양에 더 가까이 가서 그곳에서 사진을 찍고, 점점 더 가까이 가서 다른 거리에서 사진을 찍는다. 그런 다음에 그 사진들을 비교한다. 그것들은 같은 것처럼 보이지 않는다. 하지만 그럼에도 불구하고 그것들은 같은 태양의 실제 사진들이다. "진리는 하나이고, 현자들은 그것을 다양하게 부른다."

16

비야사는
깊은 사랑과 애착으로 신을 숭배하는 것이라 했다.

    비야사는 베다와 인도의 계시 경전들과 예비 경전인 푸라나들의 편찬자로 잘 알려져 있다.
    박티에 대한 그의 정의에서, 그는 예배와 우리 마음을 신에게 고정시키는 그런 행위들에 중점을 둔다. 예배는 꽃, 과일, 물, 빛, 향 등의 공물을 바치는 의식을 포함한다. 그것은 또한 자파뿐 아니라 정신적 숭배, 또는 신의 이름을 챈트하는 것도 포함한다. 이 모든 종류의 예배는 신에게 마음을 고정시키는 것에 도움을 준다.
    더 나아가기 전에, 이와 관련해서 나의 스승이 가르친 것을 말해주겠다.
    한번은 내가 마하라지의 방에서 꽃바구니를 준비하고 있었다. 그가 방으로 들어와 성소에서의 예배를 위한 꽃을 바쳤는지 물었다. 나는 "아니오"라고 대답했고, 성소에는 단지 그림만 있다고 스스로 생각했다. 그는 내 생각을 읽은 것처럼 보였고 나에게 물었다. "너는 성소에 그림 말고는 아무것도 없다고 생각하느냐?" 나는 조금 긴장하며 "네"라고 대답했다. 그러자 그가 나에게 외적인 의식 예배를 한 적이 있는지 물었다. 나는 대답했다. "저는 그것을 믿지 않기 때문에 그런 적이 없습니다." 나의 스승은 의식적 예배의 효력에 대한 논쟁을 해서 나를 납득시키려 하지 않았다. 그는 그저 말했다. "나는 그것을 하라고 부탁하고 있는 것이다." 나는 "당신을 따르겠습니다."라고 대답했다. 그런 다음 예배를 시작했을 때, 겨우 삼일이 지난 후에 나는 바가바드 기타에서 가르친 진리에 대해 확신을 했다.

> "누군가가 나에게 나뭇잎 하나, 꽃 한 송이,
> 과일 한 알, 물 한 모금을 주더라도
> 나는 그것을 받을 것이다.
> 그 선물은 사랑이며, 그의 가슴은 헌신이다."

나는 어떤 진정한 헌신으로가 아니라 그저 기계적으로 예배를 드렸지만, 나의 구루와 신은 내가 드린 것을 그가 받아들였음을 그들의 신비스러운 방식으로 나에게 납득시켰다는 것을 고백해야겠다.

그러나 나는 또한 나의 구루가 그의 모든 제자들에게 의식적 예배를 행하라고 요구하지 않았다는 것을 지적해야만 한다. 그는 각각의 제자들을 그의 성향에 따라 다르게 가르쳤다.

의식적 예배는 그의 마음과 가슴을 신에게 고정시키는 데 큰 도움이 된다. 만약 사람이 힌두교의 의식주의를 배운다면, 그는 신 또는 브람만과 아트만 즉 나를 하나로 보기 위한 헌신을 통한 실용적인 배움의 방식을 그 안에서 찾을 수 있다.

"신을 숭배하기 위해서는 신이 되어라."라는 말이 있다. 이것은 외적인 예배 수행의 기반이 되는 원칙이다. 대부분의 사람들은 외적인 예배를 이원적인 것으로 생각하며 오해한다. 사실 예배하는 사람들은 의식을 행할 뿐 아니라 그와 브람만의 합일에 대해 명상하려고 노력해야 하기 때문에 그것은 비이원적이다.

당신이 신이나 당신의 선택된 이상인 아바타의 그림이나 이미지에 꽃과 다른 물건들을 외적으로 바치는 것은 사실이다. 하지만 당신은 먼저 브람만과의 합일에 대해 명상을 한다. 그런 다음 가슴 속의 성소 안에 있는 아트만-브람만으로서의 당신의 선택된 이상에 대해 명상을 한다. 그리고 나면 가슴으로부터 신을 꺼내어 당신 앞에 두고, 그림이나 이미지를 살아있는 것으로 생각한다.

그러면 당신은 이 각각의 물건들 속에 똑같은 신, 똑같은 브람만이 있다고 생각하면서, 꽃과 다른 물건들을 신에게 바치는 것이다. "당신은 어머니 갠지스 강의 물로 어머니 갠지스를 숭배한다."라는 말이 있다. 예배를 마치기 전에 당신의 구루로부터 받은 만트라를 마음속으로 챈트하면서 일정한 수의 자파를 수행한다. 힌두교 전통에 따르면, 구루에 의한 만트라로 입문을 받기 전에는 어떤 형식적 의식 예배도 하도록 허용되지 않는다.

또한 형식적 예배는 영적 삶의 초보자들만을 위한 것이라고 널리 받아들여지지만 잘못된 생각이 있다. 이미 말했듯이 그것이 초보자들에게 큰 도움이 되는 것은 사실이다. 하지만 브람만과의 하나됨이라는 지고의 진리를 경험한 신의 사람들은 종종 계속해서 의식 예배를 수행한다. 샹카라, 라마누자, 슈리 차이탄야, 그리고 슈리 라마크리슈나는 깨달음 이후에도 예배에 참여했다.

그 자리에 우연히 함께 있었던 그의 제자들 중의 한 명인 스와미 보다난다가 묘사한, 비베카난다의 삶의 하나의 사건이 있다. 스와미지는 샌달 페이스트가 뿌려진 꽃 쟁반을 들고, 성소에서 슈리 라마크리슈나의 그림 앞에 앉아 있었다. 그는 그의 제자들에게 그와 함께 명상하자고 했다. 스와미지는 잠시 동안 명상했고, 그런 다음 꽃 쟁반을 들고 일어서서 각자의 머리에 꽃을 올려두며 각각의 제자에게 차례로 예배를 드렸다. 이렇게 모든 제자들에게 예배를 드린 후, 그는 나머지 꽃들을 슈리 라마크리슈나의 사진에 바쳤다.

예배는 또한 정신적 예배도 포함한다. 예배를 위해 꽃과 다른 용품들을 모을 필요는 없다. 꽃과 생각할 수 있는 모든 물품들을 정신적으로 신에게 바칠 수 있다.

명상을 하는 중에 다른 거룩한 사람을 방문하곤 했던 거룩한 사람에 대한 이야기가 있다. 그가 방문하던 거룩한 사람이 명상에서 나왔을 때, 방문한 사람이 그에게 말했다. "당신은 가게에서 신께 드릴 신발을 사고 있었군요."

다른 거룩한 사람이 웃으며 대답했다. "네, 그렇습니다." 이 이야기에는 아주 중요한 교훈이 있다. 신에 대해 명상을 하는 중에 마음이 산만해지면, 그 산만함을 신과 연관시킴으로써 그것 또한 신에 대해 생각하는 것에 대한 도움으로 사용하라. "당신의 마음을 크리슈나 안에 머물게 하기 위해 어떤 수단이든 택하라."라는 말이 있다.

이 수트라에서, 우리는 숭배 행위들에 대한 헌신 같은 것으로서의 박티의 정의를 발견하게 된다.

'~ 같은 것'은 인류 안에서 신의 봉사를 말한다. 그것 또한 숭배의 행위이다.

17

현자 가르가[10]는
신의 이름을 듣거나 찬양하는 것이라 했다.

슈리 차이탄야는 신에 대한 유명한 찬가를 썼는데, 여기에 그 몇 줄을 인용한다.

"신의 이름과 그의 영광을 끊임없이 챈트하라.
가슴의 그 거울은 깨끗이 닦이고,
안에서 맹렬하게 타오르는 세상적 욕망,
그 강한 산불이 꺼질 수 있도록."

대부분의 모든 종교는 찬가를 부르는 것과 신에 대한 찬양을 강조해왔다. 위대한 성자 람프라사드는 신성한 어머니, 그의 선택된 이상에 대한 노래, 그가 직접 지은 그 노래를 부름으로써 신과 그의 합일을 완전히 깨달았다.

그의 인생 이야기는 흥미롭다. 그는 사무실의 점원이었는데, 그의

---

10 리그베다를 쓴 현자

일은 수입과 지출을 장부에 기록하는 것이었다. 하지만 기록을 하는 대신, 그 장부는 그가 일하는 시간에 지은 신성한 어머니에 대한 노래로 가득 차 있었다. 어느 날 주인이 그의 장부를 검사하러 왔다. 그는 람프라사드에게 화를 내는 대신 헌신적 노래의 작곡가로서의 그의 천재성에 감명을 받아 그에게 말했다. "이것 보시오. 당신은 집에 가도 됩니다. 당신이 생계를 위해 일하지 않아도 되도록 내가 정기적인 임금을 주겠소. 당신은 이런 헌신의 노래를 만들고 그것을 노래하시오."

이 수트라는 또한 경전의 연구와 설명, 영적 주제에 대한 담론, 그리고 신을 찬양하는 찬가와 노래의 작곡을 언급한다.

슈리마드 바가바탐에는 이렇게 적혀 있다.

"스승, 슈리 크리슈나는 훌륭하다.
그의 행위는 훌륭하다.
그의 거룩한 이름을 말하는 것만으로도
말하는 자와 듣는 자를 신성하게 한다."

영적 수행자의 성장에서 그가 신외에는 아무것도 말할 수 없게 되고, 만약 어떤 세상적인 이야기를 들으면 그는 도망치게 되는 때가 온다.

슈리 크리슈나는 기타에서 말한다.

"그들의 마음과 감각들은 나에게 잠겨있다.
나만이 그들 담화의 주제이다.
이렇게 그들은 서로를 기뻐하며, 희열과 만족함으로 살아간다."

18

현자 샨딜리야는
생각을 흩트리게 하는 모든 것들을 피하고
오로지 신에게서만 기뻐하는 것이라 했다.

사람의 가슴속에서 헌신이 생겨날 때, 그는 자연스럽게 모든 산만한 생각들로부터 자유롭게 되는데, 이것은 그가 그 자신의 가슴속의 성소에 숨겨져 있는 아트만 즉 내재하는 신에 대한 생각에서 더 큰 즐거움을 찾기 때문이다. 다시 말해, 아트만 안에서 즐거움, 만족, 평화를 찾는 것이 샨딜리야에 따르면 진정한 헌신이다.

슈리 라마크리슈나는 영적 규율의 수련 동안 어떻게 그가 신에 대해 온 우주를 뒤덮는 존재, 순수한 의식, 희열의 바다라고 명상했는지, 그리고 그가 자신을 그 바다에서 헤엄치고 잠수하는 물고기라고 생각했다는 것을 말했다. 그런 다음 그는 이 명상이 깊어지면 사람은 실제로 이 삿-칫-아난다의 바다 즉 존재, 순수한 의식, 희열의 바다를 경험한다고 말했다. 다시 슈리 라마크리슈나는 그가 그의 내부에서 그리고 외부에서 그 바다 즉 나눌 수 없는 삿-칫-아난다의 바다에 잠긴 배라고 느낄 것이다.

슈리 라마크리슈나는 자신의 경험에 비추어 이렇게 말할 것이다. "나는 가끔 '그대가 나이고, 나는 그대이다.'라고 느끼고 그런 다음에는 '그대가 그대이다'라고 느낀다. 더 이상 '자아'는 남아 있지 않다."

거룩한 어머니는 슈리 라마크리슈나에 의해 입문 받았을 때 자신이 가득 찬 항아리 같이 느낀다고 말했다. 그녀의 가슴은 신의 희열로 가득 차 있었다.

19

그러나 나라다는 이렇게 정의한다.
자신의 모든 생각들, 모든 말들,
모든 행위들을 신에게 바치는 것.
신을 망각하는 모든 순간들에 심한 고통을 느끼는 것.

여러 현자들이 제시한 박티의 정의를 인용한 후에, 나라다는 그 모든 박티의 정의를 조화시켜 이 하나로 요약했다.

한 마디로, 나라다는 박티로서 완전한 자기-복종을 강조한다. 이 자기 복종의 이상은 모든 종류의 영적 수련들을 포함한다.

첫째로, 자기 복종은 신에 대한 끊임없는 묵상을 의미한다.

스와미 비베카난다가 말했다. "신을 찾지 말고, 신을 보라." 신은 어디에나 있다. 당신이 신에 대해 생각하는 순간, 자신이 실제로 신과 함께 있다는 것을 확신하라. 그런 다음 그를 갈망하고 그가 당신에게 자신을 드러내기를 기도하라.

슈리 라마크리슈나의 제자인 스와미 쉬바난다는 우리에게 종종 말하곤 했다. "그에게 헌신할 수 있도록 가슴에 괴로움을 품고 밤낮으로 간절히 기도하라."

시편은 말한다. "저녁과 아침, 그리고 정오에 내가 기도하고 큰 소리로 울 것이다. 그리고 그가 내 목소리를 들을 것이다." (시편 55:17)

성 루카의 복음서에서는 이렇게 말한다. "그리고 그는 사람들이 항상 기도해야 한다는 이 목적을 위해... 사람들에게 비유를 말했다."

성 바울은 말했다, "끊임없이 기도하라."

신에게 자신을 바치는 법을 배울 때, 당신은 "끊임없이 기도한다." 즉, 당신의 모든 행위와 생각은 신에게 바쳐진다.

바가바드 기타에서 슈리 크리슈나는 말한다.

> "그대의 마음을 나에게 고정시켜라.
> 그대의 모든 행위들을 나에게 바쳐라.
> 나에게 존경을 표하라.
> 그러면 그대는 나의 은총으로 나를 발견할 것이다.
> 이것이 그대를 아주 사랑하는 나의 약속이다.
>
> 모든 의무들을 포기하고,
> 유일한 피난처인 나에게로 돌아오너라.
> 나는 모든 죄들로부터 그대를 해방시킬 것이다. 슬퍼하지 말라."

자기 항복은 또한 사람을 비참하게 만드는 신의 최소한의 망각을 의미한다.

슈리 차이탄야의 기도가 있다.

> "오, 고빈다시여,
> 아, 당신으로부터의 일순간의 이별이 천년과도 같을 그때,
> 저의 가슴은 그 욕망으로 타버리고
> 당신이 없는 세상은 무정한 공허인 그때,
> 그 날을 내가 얼마나 갈망하는지."

20

그런 사랑의 예들이 있다.

나라다는 진정한 사랑을 묘사하면서 자신을 그에게 완전히 맡기는 그런 신에 대한 사랑은 단지 이론적인 이상이 아니며, 그런 본보기가 되는 신의 사람들이 존재한다는 것을 분명히 말한다.

나라다는 다음 시에서 브린다반의 양치기인 고피들과, 크리슈나에 대한 그들의 사랑의 예를 인용한다.

어떤 사람은 이 예가 선사시대의 것이라고 말할 수도 있다. 하지만 많은 역사적 예들을 모든 종교인들 사이에서 찾아볼 수 있고, 그것들은 또한 오늘날에도 존재한다. 제한된 주기 안에 있는 내 삶에서, 나는 슈리 라마크리슈나의 수많은 제자들의 삶에서 그런 예들을 목격해왔다. 그들은 이 신성한 사랑의 희열에 흠뻑 들어 있었고, 신에 대한 순수한 사랑을 얻기 위해서만 기도하라고 우리에게 가르쳤다.

슈리 라마크리슈나는 그의 제자들에게 말하곤 했다. "신에 대한 진정한 갈망이 생길 때, 그의 모습이 따라오고, 그런 다음에는 가슴속에서 지식의 태양이 떠오른다. 그를 갈망하고, 그를 강렬하게 사랑하라! … 어머니는 자신의 아이를 사랑하고, 순결한 아내는 남편을 사랑하고, 구두쇠는 자신의 재산을 사랑한다. 신에 대한 당신의 사랑이 이 세 가지 사랑을 합친 것만큼 강렬해지게 하라. 그러면 당신은 그를 보게 될 것이다." (슈리 라마크리슈나의 복음서)

그는 자신의 제자들에게 그가 강렬한 영적 수련의 기간 동안 헌신을 위해 어떻게 기도했는지를 말했다. "오, 어머니, 여기에 죄가 있고 여기에 덕이 있습니다. 그것들을 모두 가져가시고 저에게 당신을 향한 순수한 사랑을 내려주소서. 여기에 지식이 있고 여기에 무지가 있습니다. 그것들을 당신의 발에 둡니다. 저에게 당신을 향한 순수한 사랑을 내려주소서. 여기에 순결이 있고 여기에 불순함이 있습니다. 그것들을 모두 가져가시고 저에게 당신을 향한 순수한 사랑을 내려주소서. 여기에 선한 일들이 있고 여기에 악한 일들이 있습니다. 그것들을 당신의 발에 둡니다. 저에게 당신을 향한 순수한 사랑을 내려주소서."
(슈리 라마크리슈나의 복음서)

나라다는 예를 인용한다.

21

브린다반[11]의 고피들의 사랑[12].

이것은 슈리 크리슈나와 브린다반(혹은 브라자)의 양치기인 고피들과의 그의 신성한 놀이를 말한다.

사랑은 이미 말했던 것처럼 본질적으로 신성하고, 그것이 신에게로 향해질 때 그 성취를 찾는다. 다시 말해, 이 신성한 사랑은 (이후의 수트라 중 하나에서 설명할 것처럼) 여러 형태들로 표현된다. 슈리마드 바가바탐에서, 우리는 사랑의 신, 슈리 크리슈나가 야소다의 아기로 그녀에게 사랑받았음을 발견한다. 양치기 소년들에게 크리슈나는 사랑하는 친구이자 놀이 친구였으며, 양치기 소녀들에게 크리슈나는 연인이자 동반자였다.

---

11 [옮긴이 주] 원문에서는 브린다반과 크리슈나와 태어난 것인 마투라를 포함하는 더 넓은 행정구역을 말하는 브라자가 사용되었다. 크리슈나는 어린 시절 대부분과 청년 초기를 브린다반에서 보냈다. 고피들은 브린다반에서 살았다. 그래서 이 이름으로 대체하였다.

12 [옮긴이 주] 고피들은 경전에 대한 지식도 없었고, 명상도 하지 않았다. 그러나 그들은 순수한 영혼을 지니고 있었다. 그들은 크리슈나를 미치도록 사랑하였다. 그러나 그녀들은 신체적이거나 로맨틱한 사랑이 아니라 크리슈나를 신으로 사랑하였다. 그녀들은 크리슈나를 자신의 남편으로 사랑을 하였으며 그녀들의 영혼이 우주적 영속으로 잠기기를 강하게 원하였다. 라마나 마하리쉬는 성경에서 욥이 신에게 가졌던 사랑이고, 카르나가 듀료다나에게 가졌던 사랑, 사랑만을 아는 사랑이라고 한다.

슈리 크리슈나가 플루트를 연주했을 때, 나방이 빛에 끌리는 것처럼 양치기들은 그에게 끌렸다. 그들은 모든 것을 잊게 되었다. 심지어 자신의 육체마저도 의식하지 못했다. 그들은 그의 사랑에 끌려 그에게 달려갔다.

같은 경전에서는 이렇게 말한다. "브린다반의 양치기들은 축복받았다. 그들이 우유를 짜고, 휘젓고, 씻거나 집안일을 하는 동안에도 그들의 가슴은 그와 영원히 하나가 되었기 때문이다. 그들은 계속해서 신을 기억하고 있다. 그들은 헌신적이고 사랑하는 가슴으로 신 하리를 찬양한다."

슈리 라마크리슈나는 고피들이 언급되는 것을 듣거나 크리슈나에 대한 그들의 강렬한 사랑을 생각할 때 종종 사마디에 들어갔다. 슈리 라마크리슈나는 고피들에 대해 말했다. "호랑이가 다른 동물들을 잡아먹는 것처럼, 신을 향한 강렬한 사랑과 열의를 가진 호랑이는 욕정, 분노, 그리고 다른 열정들을 잡아먹는다. 고피들의 헌신은 끊임없고, 순수하고, 굴하지 않는 사랑의 헌신이다."

모두에게 즐거움을 주고 자신의 존재 안에서 더없이 행복한 크리슈나는 자신을 양치기 소녀들의 수만큼 많은 크리슈나로 나누어 그들과 춤추며 놀았다. 각각의 소녀들은 크리슈나의 신성한 존재와 신성한 사랑을 느꼈다. 각자는 자신이 가장 축복받았다고 느꼈다. 크리슈나에 대한 각자의 사랑은 너무나 몰입적이어서 그녀는 자신이 크리슈나와 하나가 되었다고 느꼈다. 아니 그녀 자신이 크리슈나라고 알았다. 그리고 그들의 눈길이 떨어지는 곳마다 그들은 크리슈나만을 보았다.

스와미 비베카난다는 이렇게 적었다.

"고피릴라(고피들의 신성한 놀이)는 개별성이 사라지고 교감이 있는, 사랑의 종교의 극치이다. 이 릴라에서 슈리 크리슈나는 그가 가르치는 것, '나를 위해 모든 것을 포기하라'를 보여준다. 박티를 이해하기 위해서는 가서 브린다반 아래 피난처를 구하라. 아, 그의 삶의 가장 놀라운 구절, 사람이 완벽하게 소박하고 순수해질 때까지 이해하기 가장 힘든 것, 그것에 미치게 되고, 사랑의 컵으로 깊이 취한 자가 아니고는 누구도 이해할 수 없는, 브린다반의 그 아름다운 놀이로 비유되고 표현된 가장 놀라운 사랑의 확장!

누가 고피들 즉 양치기 소녀들의 사랑, 바로 그 사랑의 이상, 아무 것도 원하지 않는 사랑, 심지어 천국도 신경 쓰지 않는 사랑, 이 세상 또는 다가올 세상의 어떤 것도 개의치 않는 그 사랑의 고통을 상상할 수 있겠는가?

고피들의 이 놀라운 사랑을 기록하는 역사가는 순수하게 태어난 자, 영원히 순수한 비야사의 아들, 수카이다. 가슴속에 이기심이 있는 한, 신에 대한 사랑은 불가능하다. 그것은 단지 장사꾼에 불과하다. "오, 한 번의, 그 입술의 한 번의 키스를. 당신의 키스를 받은 자, 당신을 향한 그의 갈증은 영원히 커지고, 모든 슬픔은 사라지며, 그는 당신이 아닌 다른 모든 것에 대한 사랑을 잊는다, 오직 당신만…

아, 우선 금에 대한 사랑을 잊고, 이름과 명성, 그리고 우리의 이 작고 하찮은 세상에 대해 잊어라. 그러면, 오직 그때만, 당신은 모든 것을 포기하지 않고는 시도할 수 없을 만큼 거룩하고, 영혼이 완벽하게 순수해질 때까지는 생각할 수 없을 만큼 신성한 고피들의 사랑을 이해할 것이다,

가슴속에서 매 순간 끓어오르는 성, 돈, 명성에 대한 생각을 가지고 있는 사람들이 감히 고피들의 사랑을 비판하고 해석한다!

… 여기에 바로 기쁨의 황홀함, 사랑의 취기가 있고, 이곳에서 제자들, 스승들, 가르침들, 책들, 그리고 심지어 두려움의 생각과 신과

천국, 이 모든 것들이 하나가 되었다. 다른 모든 것들은 버려졌다.

　남은 것은 광적인 사랑의 도취이다. 다른 모든 것에 대한 완전한 망각으로, 사랑하는 자는 세상에서 크리슈나를 제외한 어떤 것도 보지 못하고, 오직 크리슈나를 보고, 모든 존재의 얼굴은 크리슈나가 되었고, 그 자신의 얼굴도 크리슈나처럼 보였으며, 그의 영혼은 그 크리슈나 색으로 물들었다... 그것은 진정 위대한 크리슈나였다."

22

크리슈나를 자신들의 연인으로 사랑하였지만,
그들은 결코 신 크리슈나의 신의 성품을 망각하지 않았다.

슈리마드 바가바탐에는 이렇게 적혀있다. 한번은 크리슈나가 그에 대한 그들의 헌신을 시험하기 위해 고피들에게 말했다. "오, 순수한 이들이여, 너희의 의무는 우선 남편과 아이들이어야 한다. 집으로 돌아가서 그들을 섬기며 살아라. 너희는 나에게 올 필요가 없다. 만약 너희가 나에 대해 명상을 하기만 하면, 너희는 구원을 얻을 것이기 때문이다."

하지만 양치기 소녀들은 대답했다. "오, 당신, 잔인한 연인이시여, 우리는 오직 당신만을 섬기기 원합니다! 당신은 경전의 진리를 알고 있고, 우리에게 남편과 아이들을 섬기라고 조언합니다. 그렇다면 그렇겠지요! 우리는 당신의 가르침을 따를 것입니다. 왜냐하면 당신은 모든 것 중의 모든 것이고, 당신이 모든 것이기에, 당신을 섬김으로써 우리는 또한 그들을 섬길 것이기 때문입니다."

여기에서 가르친 진리는, 나무뿌리에 물을 주면 가지도 영양분을 얻는 것처럼, 모두의 가슴속에 살고 있는 신을 기쁘게 함으로써 모든 존재들은 기뻐한다는 것이다.

같은 경전에서 우리는 고피들이 "당신은 야소다의 사랑하는 아기일 뿐만 아니라 모든 존재들 안에 있는 가장 내면의 아트만입니다."라고 말하면서 크리슈나를 어떻게 부르는지를 읽게 된다.

　위에서 말했듯이, 고피들은 신을 그들의 하나이자 유일한 연인으로서 사랑함으로써 지고의 초월적 의식 상태인 크리슈나와의 하나됨을 얻었다.

23

그들이 크리슈나가 신이라는 것을 몰랐다면,
그들의 사랑은 연인에 대한 세상적인 사랑이었을 것이다.

24[13]

세상적인 사랑에서는 자신의 행복을 바라지,
사랑받는 이의 행복에는 관심이 없다.

사랑의 본질은 신성하다. 그것은 신을 향할 때만 비로소 그 성취를 찾는다. 토마스 아 켐피스는 그리스도를 본받아Imitation of Christ에서 이 말들을 신의 입에 담는다. "당신의 친구에 대한 당신의 평가는 나Me에게 근거를 두어야 한다. 그리고 나를 위해 그는 사랑받아야 한다. 그가 누구든... 나가 없으면, 우정은 아무 힘도, 아무 지속성도 없다. 그 사랑은 진실하지도 순수하지도 않으며, 그것은 나에게 맞지 않다."

그것이 신에 대한 사랑에 기반하지 않을 때. 신에 대한 사랑과 창조물에 대한 사랑 사이에는 큰 차이가 있다. 정부에 대한 여주인의 사랑은 육체에 대한 욕정의 또 다른 이름일 뿐이다. 그것의 기본은 스스로

---

13 [옮긴이 주] 고피들은 크리슈나가 위대하다는 것을 알았지만, 그것에게 중요성을 주지 않았다. 즉 그들은 크리슈나가 위대하기 때문에 그를 사랑한 것은 아니었다. 그들은 말한다. "당신께서는 보통의 사람이 아닙니다. 당신께서는 고피들의 거저 즐거움인 것은 아닙니다. 당신께서는 모든 존재들의 통제자이십니다. 당신께서는 모든 존재들을 통제하는 아트만이십니다. 지구를 보호하기 위해서 창조자는 당신에게 빕니다. 당신께서는 지고한 실재, 지고한 진리이십니다." 나라다는 말한다. 신을 향한 집착은 버리지 않아야 한다. 크리슈나는 보통의 사람이 아니다. 이 애착은 구원을 가져온다. 크리슈나가 신성한 존재라는 것을 고피들이 망각했을지라도, 그의 위대함은 고피들을 향상 시킬 것이다. 그리고 그들은 자신의 행복이 아니라 사랑받는 이가 행복하기를 바랐다. 그것이 신성한 사랑의 특징이다.

쾌락을 찾는 것이다. 산스크리트로 그것의 다른 이름은 모하 즉 망상이다.

신성한 사랑에는 육체의 완전한 망각, 이기심의 완전한 소멸, 그리고 사랑하는 사람에 대한 완전한 잠김$_{absorption}$이 있다. 한 가지 목적은 사랑하는 사람을 기쁘게 하는 것이다. 완전한 이기심 없음이 신성한 사랑의 본질이다.

25

사랑의 길은
행위의 길, 지식의 길, 명상의 길보다 우수하다.

이것과 뒤에 나오는 여덟 개의 수트라들에서, 나라다는 사랑의 길이 다른 세 가지 길 즉 행위, 지식, 또는 명상을 통한 합일의 길 보다 더 위대하다고 강조한다. 이것은 오해를 불러일으킬 수도 있다. 나라다는 일방적이고, 합일로 가는 다른 길들보다 사랑의 길을 더 좋아하는 것처럼 보일 수도 있다. 하지만 자세히 살펴보면, 나라다는 여기서 사랑의 길을 말하는 것이 아니다. 브람만과의 합일이라는 지고한 목표는 지고한 사랑의 결과라는 것을 우리는 발견하게 될 것이다.

전에 언급했듯이, 박티는 두 가지 의미 즉 깨달음의 목표, 그리고 목표로 이어지는 길을 가지고 있다. 나중에 나라다는 길 즉 목표로 이어지는 수련들을 설명할 것이다.

이 책의 처음에서 말했던 것처럼, 신과의 결합에 대해서는 네 가지 요가 즉 길이 있다. 이것은 사랑의 길, 지식의 길, 일의 길, 명상의 길이다.

하지만 이 네 가지 요가들은 빈틈없는 구획으로 분리될 수 없다. 바가바드 기타와 슈리 라마크리슈나의 가르침들에서는 모든 요가들을 하나의 삶으로 조화시키고 일방적이지 않게 하는 것에 중점을 둔다. 다시 말해, 사람은 실제로 나머지를 배제하고 이 네 개의 길들 중 어느 하나를 따를 수는 없다. 오직 수행자만 어느 하나에 더 큰 중점을 둘 수 있다.

예를 들어, 수행자가 어느 길을 따른다고 해도 명상은 훈련으로서 수행되어야 한다. 또한 수행자는 분별해야 하고, 활동적이어야 한다. 더욱이 수행자는 이상에 관심을 가지고 그것에 대한 열망 또는 사랑을 가져야 한다. 이와 같이 실제로 모든 수행자의 삶에는 모든 요가들의 조합combination이 있다.

이와 관련해서, 다시 사랑의 길을 따르는 사람과 지식의 길을 따르는 사람이 어떻게 결국엔 같은 결과에 이르는지를 지적하겠다. 완벽한 지식과 지고한 사랑은 하나가 된다. 그러나 지식의 길을 따르는 사람들과 사랑의 길을 따르는 사람들 사이에는 약간의 차이가 있다.

지식의 길을 따르는 사람들은 처음부터 그들과 브람만의 합일에 대해 명상을 한다. 사랑의 길을 따르는 사람들은 이원론자로 시작한다. 그러나 분석해 보면, 지식의 길을 따르는 사람들이 그들과 브람만의 합일에 대해 명상을 한다고 해도, 여전히 길 자체에는 이원론 즉 명상하는 자와 명상의 대상이 있다는 것을 우리는 발견한다. 일반적 규칙으로, 헌신자는 이원론자로 시작하고 기꺼이 신과의 합일을 추구하지 않는다. 그의 단 하나의 바람과 갈망은 신에 대한 비전을 갖는 것과 그와의 교감의 희열을 맛보는 것이다.

한번은 내가 나의 스승, 마하라지의 발밑에 앉아 있을 때, 한 헌신자가 그에게 다가와 물었다. "마하라지여, 헌신자들이 부르는 '나는 설탕을 맛보고 싶지만, 설탕이 되고 싶지는 않다.'라는 노래가 있습니다. 그것이 헌신자의 태도여야 합니까?" 마하라지가 대답했다. "'나는 설탕을 맛보고 싶지만, 설탕은 되고 싶지 않다.'는 아직 설탕을 맛보지 않은 사람들을 위한 것이다. 헌신자가 신의 달콤함을 맛보기 시작하면, 그는 그와의 하나됨을 성취하기를 갈망할 것이다."

신에 대한 이 지고한 사랑이 생겨나면, 사랑, 사랑하는 자, 그리고 사랑받는 자는 하나가 된다. 거기에는 신성에 대한 통합된 지식이 있다. 지고한 사랑과 완벽한 지식은 하나이다.

지식 즉 갸나는 아는 자(명상하는 자), 지식의 대상(브람만), 그리고 지식의 과정 사이의 구분의 개념을 필요로 한다. 그러나 신의 지식을 갖는 것은 신이 대상이고 아는 자가 주체라는 의미는 아니다. 임마뉴엘 칸트는 아는 자와 지식의 대상 사이에 조금의 경계라도 있는 한, 사물 자체 thing-in-itself 는 알려지지 않은 채로 남아있다고 지적했다. 수 세기 전에 샹카라 또한 지식의 주체와 대상 사이에 조금의 분리라도 있는 한, 지식의 과정인 신은 알려지지 않은 채 남아있다고 지적했다. 하지만 그는 궁극적으로 영적 수행자는 이 딜레마를 초월한다고 말했다. 그는 그것을 지식의 세 가지 매듭들을 푸는 것, 그리고 "통합된 의식"에 도달하는 것인 트리푸티-베다 triputi-bheda 라고 불렀다.[14]

브람만 즉 신은 삿-칫-아난다 즉 존재 또는 영원한 실재, 순수한 의식, 그리고 순수한 사랑과 희열이다. 그러나 이것들은 브람만의 속성이 아니다. 삿인 것은 칫과 같고, 아난다와 같은 것이다. 삿은 브람만과 동일하다. 칫은 브람만과 동일하다. 아난다는 브람만과 동일하다. 지식의 길에서는 칫, 순수한 의식에 중점을 둔다. 헌신의 길에서는 아난다 즉 사랑 또는 희열에 중점을 둔다. 수행자가 끝에 이르면,

---

14 샹카라를 인용하자면: "이와 같이 현명한 사람은 주체와 대상의 의식이 소멸되고 무한한 통합된 의식만이 남는 그 최고의 상태에 이른다 – 그리고 그는 지구상에 살아있는 동안 니르바나의 지복을 안다."

칫과 아난다 사이에는 더 이상 어떤 구분이 없다. 그러면 신성의 지고한 사랑과 통합적인 지식은 하나이며 동일하게 된다.

바가바드 기타에서 우리는 슈리 크리슈나가 그의 친구이자 제자인 아르주나가 우주적 형상으로서의 신을 직접 경험할 수 있도록, 그에게 신성한 시각을 주었다는 것을 읽는다. 그런 다음 슈리 크리슈나는 아르주나에게 말했다. "베다들의 공부로도, 고행들로도, 자선을 베푸는 것들로도, 의식들로도, 그대가 보았던 모습의 나를 볼 수 없다. 확고한 헌신에 의해서만, 나를 알 수 있고, 나를 볼 수 있으며, 나 안으로 들어올 수 있다." 이것은 지고한 지식과 동일한 지고의 사랑을 말한다. 왜 나라다는 박티를 최고라고 생각하는가?

26

모든 길들의 목표는
지고한 사랑을 깨닫는 것이다.

신에 대한 지고의 사랑과 깨달은 지식이 동일하다는 것은 이미 지적했다. 그러므로 신성에 대한 통합된 지식을 주는 그 지고의 사랑을 깨닫는 것은 모든 영적 수련들의 목적이자 결실로 간주된다.

슈리 크리슈나는 바가바드 기타에서 말한다.

"나에 대한 사랑으로 그들은 내가 누구인지를 안다.
그때 그들은 나의 영광을 알며 지고한 나 안으로 들어온다.
그들이 하는 모든 행위들은
나에 대한 봉사로 내 앞에 바쳐진다.
온 마음을 다해 나에게 잠기는 사람은
나의 은총에 의해 영원한 거처에 이른다."

수트라들 99

27

사랑의 길은 다른 길들보다 우수하다.
왜냐하면 신은 자아를 싫어하고 겸손을 좋아하기 때문이다.[15]

신은 이기심을 싫어한다. 우리가 이기심과 허영심을 가지고 있는 한, 신은 우리 안에 숨겨지거나 가려진 채로 있다는 것을 의미한다. 지고한 사랑을 얻은 신의 사람은 자아 의식을 초월한다.

우파니샤드들 중 하나에서 깨달음을 얻은 사람이 나티바디nativadi가 된다는 것, 즉, 그는 겸손해지고 자신을 주장하지 않는다는 것을 읽는다.

나의 스승이 종종 나에게 거듭 말해준 슈리 차이탄야의 기도가 있다.

"풀잎보다 더 겸손하라.

---

15 [옮긴이 주] 사랑의 길은 길이지만, 그 자체가 목표이기도 하다. 다른 세 길들은 자신이 노력으로 이루어질 가능성이 있기에, 자아가 있을 가능성이 있다. 그러나 사랑의 길에서는 자신의 가슴에 있는 신의 축복으로 가능하기에 자신을 내세우는 자아가 들어설 자리가 없다. 그는 한 없이 겸손해질 것이다. 자신을 낮은 자리에 놓고, 결코 어떤 때도 자신이 우월하다는 것을 내보이지 않을 것이다. 그대의 모든 걱정들을 신의 발에 내려놓으면 즉 삶의 운명을 신에게 내려놓을 때, 신은 그에게 축복을 내릴 것이며, 또 그대는 한없이 겸손해 질 것이다. 신만이 행위자이며, 우리 모두는 그분의 도구이다. 자신의 삶에 더 높은 힘이 작용하고 있다는 것을 알 때, 겸손해지고 신성한 빛이 자신의 가슴을 연다.

나무처럼 인내하고 참아라.

스스로 영광을 취하지 말고,

모두에게 영광을 돌려라.

신의 이름을 끊임없이 챈트하라."

시편에는 이렇게 적혀있다. "거만한 눈빛과 교만한 마음을 지닌 자를 내가 용납하지 않을 것이다," 그리고 잠언에서는 "마음이 교만한 모든 자를 신은 미워하신다."

베드로는 말한다. "신은 교만한 자를 물리치시고, 겸손한 자에게 은총을 내리신다."

슈리 크리슈나는 인간에게 있는 악마적 성향을 묘사하면서 말한다. "자만심이 강하고, 고집이 세며, 어리석을 정도로 오만하고, 부에 취한 그들은... 독선적이고, 폭력적이고, 거만하고, 갈망에 차 있고, 화가 나 있고, 모든 사람들을 시기한다. ... 나는 그들을 계속해서 신성하지 않은 성품의 자궁에 던져 넣어서, 탄생과 죽음의 바퀴에 종속시킨다."

그러나 이것은 이들이 영원히 사라지거나 신이 그들에게 은총을 주지 않는다는 것을 의미하지는 않는다. 많은 탄생들을 통해 고통을 겪은 후, 그들은 결국 분별하는 것을 배우고 신에게 자신을 바칠 것이다. 그들을 눈 멀게 하는 것은 "자아"이다. 삶에서 행복과 불행의 경험은 둘 다 위대한 스승인 것은 사실이지만, 불행이 더 위대한 스승인데, 사람이 깊은 불행에 빠져나갈 곳을 찾지 못할 때, 그는 신만이 피난처임을 알고 신에게로 향하기 때문이다.

신은 누구를 편애하지 않고, 누구로부터 은총을 거두지도 않는다. 하지만 슈리 라마크리슈나가 말하듯이, 높은 땅에는 빗물이 고이지 않는다. 마찬가지로 신의 은총은 "거만한 눈빛"을 가진 교만한 자가 느끼지 못한다.

겸손해지는 것을 배우는 순간, 우리는 그의 은총을 배우기 시작한다.

슈리 크리슈나가 악마적 성품을 가진 자들이 그에게 자신을 헌신하는 법을 배울 수 있도록 "탄생과 죽음의 바퀴에" 어떻게 종속시키는지를 묘사할 때, 그는 바가바드 기타의 다른 곳에서 이렇게 말하기 때문에 자기모순에 빠지지 않는다. 슈리 크리슈나는 말한다.

> "나의 얼굴은 모든 창조물에게 동등하다.
> 누구도 사랑하지 않고,
> 누구도 미워하지 않는다.
> 그럼에도 불구하고,
> 나의 헌신자들은 언제나 내 안에 산다.
> 나도 그들 안에 있다."

28

어떤 스승들은
지식이 신성한 사랑을 오게 한다고 말한다.

물론 여기에서 지식은 "신에 대해 깨달은 지식"을 의미하는 것이 아니라, "지고한 사랑"과 동일한 것이다. 여기에서 지식은 우리가 신에게 기도하거나 헌신해야 하는 이유에 대한 이해를 의미한다. 우리가 얻고자 하는 목표, 신의 개념이나 이상, 그리고 어떻게 신 안에만 삶의 성취가 있는지에 대한 지식이 있어야 한다.

붓다는 "올바른 이해"를 니르바나에 이르는 그의 여덟 가지 숭고한 길의 첫 단계로 언급한다. 무지의 구름 Cloud of Unknowing에는 "먼저 생각하지 않으면 기도는 초보자나 숙련자에게 잘 되지 않을 수도 있다."라고 적혀 있다.

비록 수행자는 헛된 논쟁을 피해야 하지만, 이성의 능력은 영적 삶에서 중요한 위치를 차지한다.

29

어떤 스승들은
사랑과 지식은 상호 의존적이라고 말한다.

이것 또한 매우 사실이다. 지식과 헌신은 영적 수행자가 영적 높이로 날아갈 수 있는 두 개의 날개와 같다. 만약 사랑이 지성, 의지와 결합되지 않는다면, 그것은 맹목적 감성주의로 바뀔 수 있다. 그리고 지성이 신에 대한 사랑과 관심의 도움을 받지 않으면, 그것은 메마른 지성주의가 된다. 무지의 구름에서 읽을 수 있는 것처럼, "변증법의 흠 잡을 데 없는 추론에 의해서가 아니라 가슴의 신비한 논리에 의해, 사람은 최소한의 갈망으로 신의 종으로 인도된다."

  지성과 헌신은 함께 가야 한다. 먼저 우리는 영원한 존재, 순수한 의식, 영원한 사랑과 희열인 신이 우리 존재의 가장 내면의 나라는 추론의 과정을 통해 확신해야 하고, 그런 다음에는 순수한 지식과 지고의 사랑을 펼치기 위해 그에 대한 관심과 그에 대한 사랑을 가져야 하며, 그렇게 함으로써 그와 우리의 합일에 이른다.

30

나라다는 말한다.
영적 깨달음은 자신의 가슴에 있는 신을 사랑함으로 얻어진다.

지고한 사랑은 그 자체의 결실인 영적 깨달음과 똑같다. 그로 인해 나라다는 안에 있는 신성의 펼침이 다른 어떤 원인의 영향이 아니라는 것을 나타낸다. 인과관계는 상대성과 유한성 안에서 작용하기 때문에, 다른 어떤 원인의 영향인 그것은 유한한 어떤 것일 수밖에 없다.

어떤 사람은 물을 수 있다. 영적 수련들이 무슨 소용이 있는가? 베다들이나 성경 또는 다른 영적 가르침들이 무슨 소용인가? 그것들 또한 상대성 안에 있고 인과 법칙에 매여 있다. 간단히 말해서, 그것들은 모두 베단타 학파의 사람들이 마야라고 부르는 것 안에 있다. 하지만 우리는 마야에는 두 가지 측면 즉 비디야와 아비디야가 있다는 것을 기억해야 한다. 비디야는 궁극적으로 우리를 마야 너머로 이끄는 것이고, 아비디야는 우리를 마야와 더 큰 무지에 더 단단하게 묶는 것이다.

경전들, 가르침들, 그리고 영적 수련들은 우리를 마야로부터의 해방으로 이끄는 비디야마야에 속한다. 그것은 신이나 지고의 사랑에 대해 깨달은 지식이 이런 수련들과 가르침들의 결과라는 것은 아니다. 신은 언제나 안에 살고 있고 지고의 사랑과 하나인 그 순수한 지식은 신과 동일시되어 이미 거기에 있다. 하지만 안에 살고 있는 신은 무지에 의해 덮여있다. 스승들과 경전들이 가르치는 영적 수련들은 유한하지만, 그것들은 또한 유한한 무지를 제거한다. 무지가 제거되면, 우리 안에 있는 신성이 펼쳐진다.

슈리 라마크리슈나는 살에 박힌 가시의 예를 들곤 했다. 사람은 그것을 빼내기 위해서 또 다른 가시를 사용하고, 그런 다음에는 둘 다 버린다.

베다들은 우리가 베다들이 베다들이 아니게 되는 단계에 이르러야 한다고 말한다. 샹카라는 말한다. "베다들, 푸라나들, 모든 경전들, 그리고 모든 살아있는 생명체들은 오직 아트만이 존재하기 때문에 존재한다. 그렇다면 어떻게 그것들 중의 어떤 것이 모든 것을 드러내는 자인 아트만을 드러낼 수 있는가?"

31

(지식만으로는 누구를 만족시켜주지 않는다.)
어떤 사람이 궁전을 보는 것만으로는,
맛있는 음식을 보는 것만으로는

32

그를 왕이 되게 하거나
허기가 진정되지 않는다.

그리스도가 자신의 모습을 그들에게 드러내기 전까지 계속해서 함께 있었음에도 불구하고 어떻게 그리스도의 몇몇 제자들이 그의 진정한 성품을 인식하지 못했는지를 성경은 우리에게 말한다.

예수는 도마에게 말했다. "만약 네가 나를 알았다면, 나의 아버지도 알았을 것이다. 그러니 이제부터 너는 그를 알고 그를 보았다."

필립보가 예수님께, "주님, 저희에게 아버지를 뵙게 해 주십시오. 저희에게는 그것으로 충분하겠습니다."하자, 예수님께서 그에게 말씀하셨다. "필립보야, 내가 이토록 오랫동안 너희와 함께 지냈는데도, 너는 나를 모른다는 말이냐? 나를 본 사람은 곧 아버지를 본 것이다. 그런데 너는 어찌하여 '저희가 아버지를 뵙게 해 주십시오'하느냐? 내가 아버지 안에 있고 아버지께서 내 안에 계시다는 것을 너는 믿지 않느냐? 내가 너희에게 하는 말은 나 스스로 하는 말이 아니다. 내 안에 머무르시는 아버지께서 당신의 일을 하시는 것이다. 내가 아버지 안에 있고 아버지께서 내 안에 계시다고 한 말을 믿어라. 믿지 못하겠거든 이 일들을 보아서도 믿어라. (요한복음 14:8-12)

또한 예수가 베드로에게, "너는 나를 사랑하느냐?"라고 물었던 것을 기억하자.

이와 같이 사랑이 올 때 신은 스스로를 드러낸다.

신이 인간의 모습으로 나타난다는 진리에 대한 가장 큰 암시 중 하나는 예를 들어 예수가 그랬던 것처럼 그가 제자들 앞에서 자신을 모습을 바꾸는 것이다. 성 마태의 복음서에는 이렇게 적혀있다. "그리고 6일 후 예수께서 베드로, 야고보, 그리고 그의 형제 요한을 불러, 그들을 높은 산으로 데리고 가서, 그들 앞에서 모습을 바꾸었다. 그의 얼굴은 태양처럼 빛났고, 그의 옷은 빛처럼 희었다."

바가바드 기타의 열한 번째 장에서 우리는 슈리 크리슈나가 그의 사랑하는 제자이자 친구인 아르주나에게 우주적 형상으로 신으로서의 그 자신을 드러내는 것을 발견한다. 그리고 그는 자신을 아주 사랑하는 모든 이들에게 그 자신을 드러낸다.

슈리 라마크리슈나는 또한 그의 사랑하는 제자들 앞에서 여러 번 변형을 거쳤다. 그가 세상을 떠나고 몇 년 후, 스와미 사라다난다는 슈리 라마크리슈나 동상의 모형을 보고 그가 그것에 대해 승인했는지 알아봐 달라고 나의 스승에게 부탁했다. 그때 마하라지는 높은 영적 분위기에 있었고, 그는 슈리 라마크리슈나가 여러 형상들로 변하는 것을 보았기 때문에 "그런데 스승의 어떤 형상 말입니까?"라고 물었다. 한번은 어린 소년이었을 때, 그는 자신을 어머니 칼리로 보고 사마디에 들어갔다.

신은 여러 형상들로 우리에게 올 수 있지만, 그가 우리에게 자신을 드러내지 않으면, 그리고 우리가 그에 대한 깊은 사랑을 가질 때까지는, 우리는 항상 그를 알아보지는 못한다.

이와 관련해서 개인적인 경험을 이야기하겠다. 여러 해 전에, 우리 중 네 명의 브람마차리들은 히말라야의 바드리-나라야나로 순례를 떠났다. 그 중에는 서양인 구루다스 마하라지가 있었다. 그 당시, 사제들은 서양인이 힌두 사원의 성소 안에 들어가는 것을 허락하지 않았다. 도착했을 때, 우리는 많은 순례자들이 사원의 뜰에 앉아 있는 것을 보았다. 그때 문은 닫혀 있었다. 우리도 다른 순례자들과 함께 뜰의 한구석에 앉아 있었다. 몇 분 후 나는 한 사제가 나에게 손짓하는 것을 보았다. 내가 다가가자, 그가 말했다. "당신의 친구들도 저와 함께 가자고 해 보십시오." 그가 우리를 사원 옆으로 데리고 돌아가서, 문을 열어 가장 깊은 곳의 성소에 들어가게 해 주었다. 다른 순례자들이 들어가고 싶어 하자 그가 말했다. "안 됩니다. 아직은 당신들을 위한 때가 아닙니다." 그리고 그는 문을 닫았다. 그러고 나서 우리는 이 사제가 신 옆에 앉는 것을 보았다. 그 당시에는, 일반적으로 어떤 사제도 이렇게 하지 않는다는 생각이 들지는 않았다. 그는 계속해서 신을 마주 보고서 있었다. 몇 분간의 다르샨 후에, 우리는 사제로부터 나가달라는 요청을 받았고, 그런 다음 다시 문이 잠겼다.

   잠시 후, 사제 책임자는 우리가 지성소에 들어가는 것을 허락하지 않았는데, 그럼에도 그는 다른 순례자들이 들어가는 것이 허용되지 않았을 때, 우리가 문에서 신을 볼 수 있게끔 준비를 해 주었고, 그래서 우리의 관람은 방해받지 않았다. 그리고 사제 책임자는 또한 우리에게 숙소를 주었고 맛있는 성찬 음식도 보내주었다. 우리는 삼일 낮과 삼일 밤 동안 귀빈으로서 그곳에 있었다. 머무는 동안 우리는 그곳에 사는 다른 몇몇 사제들과 알게 되었다. 하지만 우리를 가장 안쪽의 성소로 데리고 간 사제를 본 적이 없다는 것이 이상하게 보였다.

   돌아오는 길에, 우리는 당시 히말라야의 알모라에 살고 있던 슈리 라마크리슈나의 제자인 스와미 투리야난다를 방문했고, 그에게 그 일을 말했다. 그는 흥분해서 말했다. "아! 신을 알아보지 못하다니 당신들은 얼마나 어리석은가. 그 형상으로 나타나서 당신들을 가장 안쪽에 있는 성소로 이끈 것이 바로 그였다!"

33

그러므로 세상의
모든 제한들과 속박들을 초월하기를 바라는 구도자들은
최고의 목표로 사랑의 길을 받아들여야 한다.

"신만이 우리의 영혼을 채울 수 있다." 불멸의 희열은 그의 안에만 있다. 이 통합된 의식에 이를 때까지, 우리는 탄생과 죽음의 속박, 그리고 모든 상반되는 쌍들 즉 쾌락과 고통, 미덕과 악 등에 종속된 채로 있다.

이 지고한 사랑이 일어날 때, 브람만 즉 신은 그 자신의 가슴의 성소 안에서 경험된다. 똑같은 실재가 모든 것에서 보여진다.

언젠가 슈리 라마크리슈나는 그의 앞에 앉아 있는 제자들에게 이렇게 말했다. "나는 지고의 존재 라마가 여러 형상들로 내 앞에 앉아 있는 것을 본다."

찬도기야 우파니샤드에는 이렇게 적혀있다. "무한한 것은 아래에, 위에, 뒤에, 앞에, 오른쪽에, 왼쪽에 있다. 이 무한한 것이 나이다. 나 [아트만]는 아래에, 위에, 뒤에, 앞에, 오른쪽에, 왼쪽에 있다. 나는 이 모든 것이다. 나의 진리를 알고, 명상하고, 깨닫는 사람은, 그런 사람은 나 안에서 기뻐하고, 나를 즐기고, 나를 누린다."

샹카라는 하나로 있는 의식에 이른, 깨달은 영혼의 상태를 묘사하면서 말한다. "그가 무엇을 하고 있든 즉 걸어가든, 서 있든, 앉아 있든, 누워있든 아트만 안에 그 기쁨이 있는 깨달은 선지자는 기쁨과 자유 안에서 산다."

  이것은 지고의 사랑 즉 신성의 완전한 펼침을 얻은 깨달은 선지자를 묘사한다. 그것이 모든 인간의 목표임이 틀림없다.

34

**위대한 스승들은
지고한 사랑을 얻는 방법들을 찬가나 노래들로 남겼다.**

나는 산스크리트 단어 아차리야를 위대한 스승이라고 번역했다. 그 단어는 깊은 의미를 지닌다. 누가 영적 스승이라고 말해지는가? 신의 진리를 직접 경험한 사람, 그 지고한 사랑을 얻은 사람이 진정한 스승, 아차리야이다. 그는 동료들에 대한 연민에 마음이 움직이고 영적 수행자들이 똑같은 진리를 깨닫도록 돕는다. 그가 하는 말 뒤에는 힘이 있다. 단순한 책의 배움은 아무 소용이 없다.

샹카라를 인용하자면, "박식함, 잘 표현된 말, 많은 단어들, 경전들을 설명하는 기술, 이것들은 학식이 있는 자들에게 즐거움을 주지만 해방을 가져오지는 않는다. 브람만을 경험하지 못하는 한, 경전들의 연구는 아무 결실이 없다."

이제 의문이 생긴다. 영적 수련들을 하는 것이 무슨 소용이 있는가? 왜냐하면 우리는 지고의 사랑 또는 브람만의 경험은 결과가 아니며 어떤 원인에도 의존하지 않는다는 것을 이미 보여주었기 때문이다 (수트라 30 참조). 그것은 이미 기정사실이다. 신성은 각 인간의 영혼 안에 이미 존재하고 있다. 오직 그것을 덮는 무지만이 있을 뿐이다. 성

요한의 복음서에서 읽을 수 있다. "그리고 빛은 어둠 속에서 비치고 있지만, 어둠은 그것을 깨닫지 못하였다." 영적 수련은 이 어둠 또는 무지를 없애기 위해 필요하다. 이 진리는 또한 신성한 은총의 교리에 의해 또 다른 방식으로 강조된다.

우리가 카타 우파니샤드에서 읽는다. "나는 경전들의 공부를 통해서도, 지성의 미묘함을 통해서도, 많은 가르침learning을 통해서도 알 수 없다. 나가 선택하는 사람, 그에 의해 나는 얻어진다. 바로 그에게 나는 그의 진정한 존재를 드러낸다."

하지만 그는 누구를 선택하는가? 그는 그를 간절히 바라는 사람을 선택한다. 슈리 라마크리슈나는 이렇게 말하곤 했다. "수련하라. 구루가 가르친 대로 영적 수련들을 하라. 그러면 신에 대한 동경과 갈망이 생겨날 것이다. 그를 위해 울고, 애절한 가슴으로 갈망하라. 그러면 지식의 태양이 떠오르고 어둠은 사라질 것이다."

샹카라는 지적한다. "믿음, 헌신, 그리고 기도를 통한 신과의 변함없는 합일, 신성한 경전들은 이것들을 구도자의 직접적 해방 수단들이라고 말한다. 묻혀있는 보물은 '나와라'는 말만 해서는 발견되지 않는다. 당신은 올바른 지시를 따르고, 땅을 파고, 그 위의 돌과 흙을 제거한 다음 그것을 자신의 것으로 만들어야 한다. 같은 방식으로, 마야와 마야의 영향들 아래 묻혀있는 아트만의 순수한 진리는 명상, 묵상과 브람만을 아는 자가 규정하는 것 같은 여러 영적 수련들에 의해서 도달될 수 있다. 미묘한 논쟁에 의해서는 절대 안 된다."

위의 인용으로부터, 우리는 자신의 노력을 통해 그 펼침에 이르지만, 사실 이런 수련들의 수련을 통해 신의 은총을 느낀다는 것을 가정할 수 있다. 어떤 종류의 경험 또는 깨달음을 얻은 모든 신비주의자들은 그것이 단지 황홀경이든, 더 낮은 사마디이든, 아니면 최고의 초월적 의식이든, 그것을 인정할 것이다. 그런 경험은 마치 큰 자석이 그의 마음을 일상적 의식 너머의 그 경험으로 끌어당기기라도 하는 것처럼, 그로 하여금 그것이 저 너머에서 오고 있다는 것을 깨닫게 만드는 갑작스러움과 함께 의식에 떠오른다. 그것은 신과 그의 은총에 대한 직접적 경험이다.

슈리 라마크리슈나는 그의 제자들에게 말하곤 했다. "은총의 산들바람이 불어오고 있다, 그 바람을 잡을 수 있도록 돛을 올려라."

나의 스승은 종종 말했다. "네가 신을 향해 한 걸음 내디디면, 그는 너를 향해 백 걸음 내려온다." 또한 나의 스승은 이렇게 말하곤 했다. "사람은 세상에서 성공을 위해 노력할 수 있다. 그는 성공할 수도 있고 실패할 수도 있다. 그리고 비록 그가 성공을 한다고 해도, 그것은 단지 일시적인 것이다. 하지만 영적 삶에서, 만약 사람이 노력한다면 절대 실패는 있을 수 없다. 그리고 그는 영원한 그것을 성취한다."

나라다는 지고한 사랑의 진정한 본질, 목표를 정의했다. 이제 그는 우리에게 그 목표에 이를 수 있는 방법들을 제공할 것이다. 그것을 얻는 데는 많은 방법들이 있다. 나라다는 깨달음을 얻은 스승인 아차리야들의 모든 다양한 가르침들을 다음의 수트라로 요약한다. 사람은 목표에 도달하기 위해 이 방법들 중에서 하나 또는 여러 개, 또는 모두를 채택할 수 있다.

그것들은 두 그룹 즉 부정적인 것, 긍정적인 것으로 나누어질 수 있다. 둘 다 필요하지만 신성한 사랑의 길에서는 수련들의 긍정적인 측면에 더 중점을 둔다. 슈리 라마크리슈나는 말하곤 했다. "만약 빛을 향해 간다면, 어둠은 뒤에 남겨진다." 우리는 슈리마드 바가바탐에서 읽는다. "신에게 헌신하라, 가슴을 신에게 굳게 고정시켜라. 그러면 그것은 즉시 바이라기야 즉 포기 그리고 신의 직접적 계시인 갸나를 가져다줄 것이다."

다음의 수트라는 부정적 방법을 말한다.

35

지고한 사랑을 얻기 위해서는,
그는 감각 쾌락의 대상들뿐만 아니라
그것들에 대한 애착을 포기해야만 한다.

감각 쾌락의 대상들과 그것들에 대한 애착은 정확히 무엇을 의미하는가?

슈리 라마크리슈나는 그것들을 세상성이라고 말하곤 했다. 그 세상성은 그가 "욕정lust과 탐욕"이라고 정의하던 것이다.

세상성의 포기는 사람이 영적 수련들을 수행하고자 한다면 필수적이다.

비밀은 분별력의 칼을 휘두르는 것이다. 나의 스승은 말하곤 했다. "분별하라. 영원한 희열을 얻기 위해 일시적인 쾌락들을 포기하라."

우리가 만일 그리스도의 말을 공부한다면, 똑같은 분별력의 가르침을 찾게 될 것이다. 성 마태의 복음서는 말한다. "좀과 녹이 부패시키고, 도둑들이 쳐들어와 훔쳐가는 땅 위에 자신을 위해 보물을 쌓아두지 말라. 좀도 녹도 부패시키지 못하고, 도둑들이 쳐들어오거나 훔치지도 못하는 하늘에 자신을 위해 보물을 쌓아두라. 너의 보물이 있는 곳에 너의 가슴 또한 있을 것이다."

한 번은 내가 스와미 투리야난다에게 물었다. "종교란 무엇입니까?" 그러자 그가 대답했다. "가슴과 입술을 같게 만드는 것이다." 그러므로 이 욕정과 탐욕의 포기는 단지 육체적인 것이 아니라 또한 정신적인 것이어야 한다.

바가바드 기타에서는 말한다. "행위의 기관들은 행위를 하지 않고 있지만 마음으로는 감각의 대상들을 생각하면서 앉아 있는 사람은 자신을 속이고 있다. 그는 위선자이다."

어떤 심리학자들은 이것을 억압이라고 부른다. 이것은 그들에 의하면 콤플렉스들을 만들어낸다. 그래서 그들은 표현, 즉 감각 쾌락들을 누리는 것을 지지한다. 하지만 그것은 치료법이 아니다. 사람이 육체의 욕망들에 굴복할 때, 그는 즐거움에 대한 갈증을 충족시키지 못한다는 것이 사실이다. 그는 그것을 증가시킨다. 더욱이, 감각들은 즐거움에 대해 제한된 능력만을 가지고 있다. 마음은 계속해서 바라지만, 감각들은 더 이상 만족시킬 수 없다. 이것이 좌절과 결과적인 콤플렉스들로 이어진다는 것은 분명히 인정되어야 한다.

슈리 크리슈나는 훌륭한 심리학자였다. 그는 우리에게 "위선자"가 되지 말라고 말한다. 그가 제안하는 치료법들은 무엇인가? "진정으로 존경할만한 사람은 그의 의지력으로 자신의 감각들을 통제한다. 그의 모든 행동들은 무관심이다. 모든 것은 브람만과의 합일의 길을 향한다."

만약 사람이 자신을 통제하기 위해 노력하지 않고 자신의 열정들에 굴복하도록 내버려 둔다면, 그의 생각들을 신에게로 향하게 하는 것은 어려워진다. 그는 기계적으로 기도를 말할 수는 있지만, 그의 마음이 감각 쾌락들에 얽매여 있다면 그것은 아무 의미가 없다. 슈리 라마크리슈나의 한 우화가 있다. "한 남자가 하루 종일 밭에 물을 대며 일했다. 몇 시간 동안 일한 뒤, 그는 밭을 바라보다가 물이 모두 쥐구멍을 통해 흘러나가 버려서 밭이 여전히 메말라 있다는 것을 알았다."

그래서 나라다는 감각 쾌락의 대상들만이 아니라 그것들에 대한 애착의 포기 또한 주장한다.

다음의 수트라에서 우리는 긍정적인 측면을 발견한다.

36

지고한 사랑은
중단되지 않고 변함없이
신을 숭배함으로 얻어진다.

37

세상의 일상적인 활동들을 하는 동안에도
신의 영광들에 대하여 듣고 노래함으로써 그것이 얻어진다.

이것은 긍정적인 방법, 중단되지 않는 신에 대한 숭배이다. 다시 말해서, 마음과 가슴을 신에게 계속해서, 끊임없이 고정시키는 것은 영적 수련들을 함으로 성취되어야 하는 단계이다. 당신은 신과 함께 걷고, 그와 함께 먹으며, 그와 함께 잔다. 그러면 당신은 신의 존재에 대한 자각 안에서 항상 살아간다. 로렌스 수도사는 말했다. "신을 알기 위해, 우리는 종종 그에 대해 생각해야 한다. 그리고 그를 사랑하게 될 때 우리는 또한 그에 대해 종종 생각하게 될 것이다. 왜냐하면 우리의 가슴은 우리의 보물과 함께 있을 것이기 때문이다."

슈리 크리슈나는 바가바드 기타에서 말한다. "요기가 여러 해들 동안 방해받지 않는 마음으로 끊임없이 나에 대해 명상했을 때, 그는 항상 나에게 잠겨absorb 있기 때문에 그가 나에게 접근하는 것은 쉽다."

방해받지 않는 마음으로 신에 대한 생각 안에 자리 잡게 되는 것은 여러 해의 수련을 필요로 한다.

위대한 요기 파탄잘리는 말한다. "오랜 기간 동안 방해받지 않고, 진실한 헌신으로 수련을 발전시킬 때, 수행은 확고하게 자리 잡힌다."

만약 사람이 지고의 목표를 위해 진지하고 진실하게 분투한다면, 그는 이미 완벽한 영혼인 싯다만큼이나 훌륭하다는 위대한 진리를 샹카라는 지적한다.

이제 질문이 있다. 어떻게 우리는 방해받지 않고 마음과 가슴을 신 안에서 유지시킬 수 있는 상태에 도달할 수 있는가?

방법들은 다양하다. 수행자가 선택한 신에 대한 명상, 신의 이름 챈트하기, 의식적 예배, 신에 대한 찬양, 경전에 대한 공부와 그 안에 포함된 의미에 대한 명상, 신의 헌신자들에 대한 봉사, 인류 안에 있는 신에 대한 봉사, 예배 행위 같이 자신에게 할당된 의무 행하기, 자신의 스승이 제시한 특별한 수행들. 이 모든 것들은 헌신자를 그의 목표로 이끌어줄 방법들이다.

슈리 라마크리슈나는 수행자가 다른 의무들에 관여하고 있음에도 불구하고 어떻게 그의 마음을 신 안에서 유지할 수 있는지 보여주기 위해 많은 예를 제시한다. 마음을 물그릇에 집중시킨 채 균형을 잘 잡고서 머리에 물을 이고 나르면서도 동시에 다른 여인들과 수다를 떨고 있는 마을 처녀, 마음을 남편에게 집중시킨 채 그의 도착을 기다리고 있지만, 동시에 음식을 만들고 아기를 돌보는 소박한 아내.

모든 사고 학파들은 우리의 마음을 끊임없이 신에게 유지하는 것에 대한 보조로서 신의 이름을 반복해서 말하고 그것의 의미를 명상하는 것에 큰 중점을 둔다.

그들이 어느 학파에 속하든, 이름과 그 이름을 담고 있는 신의 선택된 이상은 동일하다는 것이 모든 베단타 학파 사람들 사이에서 일반적인 믿음이다.

파탄잘리는 신에 대해 말한다. "그를 표현하는 단어는 옴이다. 그 단어는 그것의 의미에 대한 명상과 함께 반복되어야 한다. 이렇게 푸루샤[아트만]에 대한 지식과 그 지식에 대한 장애물의 소멸이 있게 된다.

이와 관련해서 카타 우파니샤드를 인용하자면, "모든 베다들이 선언하고, 모든 고행들 안에 내포되어 있으며, 금욕과 봉사의 삶을 사는 사람들이 추구하는 그 목표에 대해서, 간략하게 말하겠다. 그것은 옴이다.

"이 음절은 브람만이다. 이 음절은 진정 최고이다. 그것은 가장 강한 지지이다. 그것은 최고의 상징이다. 그것을 아는 자는 브람만을 아는 자로서 존경받는다."

문다카 우파니샤드에서 우리는 읽는다. "비할 데 없는 활 우파니샤드에 헌신적 숭배라는 날카로운 화살을 장착하라. 그런 다음 집중한 마음과 사랑에 녹은 가슴으로, 화살을 당겨 과녁인 불멸의 브람만을 쏘아 맞춰라."

"옴은 활이고, 화살은 개별적 존재이며, 브람만은 표적이다. 평온한 가슴으로 조준하라. 화살이 표적에 빠지는 것처럼, 자신도 그에게 빠져라."

옴이라는 단어 외에도 신에 대한 다른 상징들이나 이름들이 있다. 슈리 차이탄야가 그의 기도에서 말한다.

"오, 신이시여, 당신의 이름들은 다양합니다.
각각의 모든 이름에는 당신의 힘이 깃들어 있습니다.
당신의 이름을 챈트하기 위한 시간이 정해져 있지 않고,
의식이 필요하지도 않습니다.
신의 자비는 아주 광대합니다."

신의 이름은 만트라라고 불린다. 다양한 이름들이 있는 것처럼, 신의 헌신자가 숭배하기 위해 선택하는 신의 특정 양상에 따라 다양한 만트라들이 있다. 딕샤 즉 입문이라고 불리는 의식에서 스승은 제자에게 만트라를 준다. 제자의 선택된 이상의 본질은 소리 상징의 형태로, 만트라에 집중되어 있다.

이 소리 상징은 현자들과 선지자seer들의 가장 깊은 영적 경험을 표현한다. 그 의미에 대해 명상하면서 만트라를 반복하는 것은 수행자가 이름을 챈트할 때 그의 안에서 신의 존재를 느끼려고 노력해야 한다는 것을 암시한다. 입문 의식 동안, 스승은 만트라의 도움으로 영적 힘을 전해준다. 이름이 반복될 때, 그것을 충전시키는 영적 힘은 제자에게 분명해진다.

슈리 차이탄야의 기도를 다시 인용한다.

"오, 이름이여, 당신에 대한 지식에 그것의 잔을 열어
연꽃 가슴에서 달빛으로 흘러내려라.
계속해서 그의 이름을 챈트하고,
걸음마다 그의 넥타를 맛보며,
지친 영혼들을 위한 그 목욕, 그의 이름에 목욕을 하면서,
그의 희열의 파도에 깊이 잠겨있는 오, 나여,"

구약성서와 신약성서는 둘 다 신의 이름을 챈트하는 영적 수련을 권장한다. "오, 나와 함께 신을 영화롭게 하고, 함께 그의 이름을 높이자."(시편) "계속해서 찬송의 제물을 신에게 드리자. 즉 그의 이름에 감사를 드리는 우리 입술의 열매를."(히브리서)
"누구든 신의 이름을 부르는 자는 구원을 받을 것이다."(로마서)

그리고 성 요한의 복음서에서는, "진실로, 진실로, 내가 너희에게 말하니, 내 이름으로 아버지께 너희가 무엇을 요구하든, 그는 너희에게 그것을 주실 것이다. 지금까지 너희는 내 이름으로 아무것도 요구하지 않았다. 구하라, 그러면 얻을 것이고, 너희의 기쁨은 충만해질 것이다."

만트라 형태의 예수 기도는 동방정교회에서 인정된다. 그것의 수련은 19세기 러시아 헌신자의 영적 순례를 기록하고 있는 주목할 만한 두 권의 책, 순례자의 길 The Way of a Pilgrim과 그것의 속편 순례자는 계속해서 그의 길을 간다 The Pilgrim Continues His Way에서 설명된다. "지속적이고 내적인 예수의 기도는 입술들로, 영으로, 가슴으로 예수의 신성한 이름을 끊임없이 방해받지 않고 부르는 것이다. 그의 변함없는 존재에 대한 정신적 그림을 형성하고, 모든 일을 하는 동안, 항상, 어디에서나, 심지어 잠자는 동안에도, 그의 은총을 간청하면서. 그 간청은 이런 말로 쓰여 있다.

'주 예수 그리스도여, 저를 불쌍히 여기소서.' 이 간청에 익숙해진 사람은 결과적으로 아주 깊은 위로와 항상 기도를 해야 하는 큰 필요를 경험하게 되어, 그것 없이는 더 이상 살 수 없고, 그것은 그의 안에서 스스로 계속해서 목소리를 낼 것이다....

"흔히 깨달음을 얻은 사람들이라고 하는 많은 이들은 이 하나의 똑같은 기도를 자주 바치는 것을 쓸모가 없고 심지어 하찮은 것으로 여기며, 그것을 단순한 사람들의 기계적이고 생각이 없는 일이라고 부른다. 하지만 불행히도 그들은 이 기계적인 연습의 결과로 드러나는 비밀을 알지 못하고, 이 빈번한 입술의 봉사가 그것에 빛과 영양을 가져다주고 그것을 신과의 합일로 이끌어, 어떻게 알아차릴 수 없게 가슴의 진정한 간청이 되고, 내면의 삶으로 가라앉고, 기쁨이 되고, 말하자면 영혼에 자연스러워지는지 알지 못한다."

중단되지 않고 변함없는 신의 숭배에 대한 이 가르침을 비베카난다의 말로 요약한다. "밤낮으로 신에 대해 생각하라, 그리고 가능한 한 다른 아무것도 생각하지 말라. 일상적으로 필요한 생각들은 모두 신을 통해 생각될 수 있다. 그를 위해 먹고, 그를 위해 마시고, 그를 위해 자고, 모두에게서 그를 보라. 다른 사람들에게 신에 대해 말하라. 이것이 가장 유익하다.

온 영혼이 계속된 흐름으로 신에게 쏟아져 올 때, 돈 또는 이름이나 명성을 추구할 시간이 없고, 신 이외의 어떤 것도 생각할 시간이 없을 때, 그때 그 무한하고 놀라운 사랑의 희열이 당신의 가슴에 생길 것이다. 모든 욕망들은 단지 유리구슬일 뿐이다. 신에 대한 진정한 사랑은 매 순간 커지고 항상 새롭다. 그것은 그것을 느낌으로써 알 수 있다.

사랑은 가장 쉬운 수련들이다. 그것은 논리를 기다리지 않는다. 그것은 자연스럽다. 우리는 어떤 입증이나 증거를 필요로 하지 않는다. 추론은 우리 자신의 마음으로 어떤 것을 제한하는 것이다. 우리는 그물을 던지고 어떤 것을 잡은 다음, 우리가 그것을 입증했다고 말한다. 하지만 절대로, 절대로, 우리는 그물로 신을 잡을 수 없다."

비베카난다는 그의 스승, 슈리 라마크리슈나에 대한 그의 사랑에 있어서 우리에게 직접 본보기가 되었다. 슈리 라마크리슈나는 나렌을 깊이 사랑했다. 한번은, 아마도 어린 나렌을 시험하기 위해, 슈리 라마크리슈나는 몇 달 동안이나 그를 완전히 무시했고 그에게 말을 걸지 않았다. 그러던 어느 날 스승은 나렌에게 그가 완전히 무시당하고 있다는 것을 알면서도 왜 계속해서 그를 보러 오는지 물었다. 나렌이 대답했다. "저는 당신을 사랑하기 때문에 당신을 보러 옵니다." 사랑, 진정한 사랑은 동기가 없어야 한다.

38

지고한 사랑을 얻는 주된 방법은
위대한 영혼의 은총이다.

39

위대한 영혼의 은총을 얻기는 매우 어렵다.
왜냐하면 그러한 사람을 알아보기는 어렵기 때문이다.
하지만 그 효과는 확실하다.

40

오로지 신의 은총으로만,
구도자는 위대한 영혼의 은총을 얻는다.

이미 설명했듯이 위대한 스승은 브람만과의 합일에 이른 사람이다. 그는 신의 사람이다. 우리는 우파니샤드에서 읽는다. "진정 브람만을 아는 자는 브람만과 하나가 되었다." 그런 구루의 은총을 얻는 것은 신의 은총을 얻는 것과 똑같다.

슈리 라마크리슈나는 말하곤 했다. "오직 하나의 구루만 있다. 그는 삿-칫-아난다, 즉 불멸의 존재, 순수한 의식, 지속적인 사랑과 희열인 신이다. (신에 대한 깨달은 지식을 얻은) 인간 구루들은 똑같은 호수의 물이 흘러나오는 아주 많은 파이프와 같다."

슈리마드 바가바탐에는 이렇게 적혀있다. "영적 분별력, 선한 행위, 희생 의식, 공부, 금욕, 신성한 만트라의 반복, 순례지에 안주하는 것, 의로운 행동, 이 모든 것은 영적 전개에 도움이 된다. 하지만 가장 큰 도움이 되는 것은 거룩한 자들의 단체이다. 왜냐하면 사람은 성자들을 섬기고 그들과 교제함으로써 무지와 집착의 뿌리를 잘라내기 때문이다. 많은 사람들은 베다들의 공부나 금욕의 실천에 의해서가 아니라 단지 신의 사람들을 사랑하고 섬김으로써 최고의 깨달음을 얻었다."

구루는 제자의 신성한 시각을 열어주는 사람이다. 그는 우리를 세상의 바다를 건너게 해 주는 배와 같다.

비슈바-사라 탄트라에서, 우리는 구루에 대한 다음과 같은 챈트를 발견한다.

> "완벽한 구루인 그에게 나는 절한다.
> 그는 브람만의 희열에 잠겨 있고,
> 그 희열을 다른 이들에게 내려줄 수 있고,
> 우리의 세상의 속박으로부터 자유롭고,
> 최고의 지혜를 가진 나이고,
> 인생의 달콤함과 쓴맛을 초월하고,
> 악에 영향 받지 않는 공기와 같은 자이다.
> 경전들은 종종 그의 성품에 대해 말한다.
> '그것이 그대이다'라고 말하고,
> 그를 변함이 없고, 순수하고, 영원하고, 둘이 없는 하나의 존재이고,
> 마음의 모든 기분과 움직임의 목격자라고 부르면서,
> 어떻게 생각이 그를 에워싸거나 혀가 그를 묘사할 것인가?"

이 찬가에서 우리는 위대한 영혼의 특징을 발견한다.

심지어 신성한 화신들, 신의 아들들, 그리고 예언자들도 구루가 있어야 했다. 신성한 화신들은 신과의 하나됨에 대한 지식을 가지고 태어난다는 사실에도 불구하고, 그들은 구루의 제자가 된다. 크리슈나, 그리스도, 붓다, 그리고 라마크리슈나도 구루가 있었다.

신성한 화신들은 우리에게 신성을 향해 올라가는 길을 보여준다.

수트라들 131

그리고 첫 번째로 필요한 것은 위대한 영혼의 은총이다.

랄프 왈도 에머슨은 그의 에세이 "위대한 자들의 쓰임Uses of Great Men"에서 이렇게 말한다.

"아름다운 사람은 우리 눈에 보이는 그녀의 형상을 그리는 데 노력이 필요하지 않다. 현명한 영혼은 다른 사람들에게 그의 내용quality을 전달하는 것에는 비용이 들지 않는다… 위대한 사람들과 함께 있으면 우리의 생각들과 태도들은 똑같이 위대해진다.

오직 한 명의 현명한 사람만 함께 있으면, 모두는 현명해진다. 전염은 아주 빠르다…

위대한 사람들은 자신의 이기심의 눈을 깨끗이 닦기 위한 세안제이다. 이것은 위대한 사람들이 가지고 있는 힘의 열쇠이다. 그들의 영은 저절로 널리 퍼진다."

나는 구루의 필요성에 대해서 이미 비베카난다를 인용했지만, 그것은 반복할 만한 가치가 있다. "이미 자신의 속박을 끊어버린 영혼에게 피난처를 구하라. 시간이 지나면 그는 자신의 은총을 통해 당신을 자유롭게 할 것이다."

신의 은총과 똑같은 구루의 은총을 통해, 수행자는 지고의 사랑을 얻고 브람만과의 합일에 이른다.

"사람이 그의 은총을 받으면, 그 효과는 확실하다."라고 한다. 마하니르바나 탄트라에는 "제자가 구루로부터 신의 신성한 이름인 만트라로 입문을 받는 순간, 그는 브람만과 하나가 된다."라고 적혀있다.

우리는 역사적으로나 전통적으로 크리슈나, 그리스도, 붓다와 같은 신성한 화신들이 어떻게 죄인들을 만짐으로써 성자로 변화시켰는지를 안다. 슈리 라마크리슈나의 경우에 우리는 어떻게 그가 술주정뱅이와 매춘부를 성자로 바꾸어 놓았는지를 안다. 나는 그런 영혼인

기리쉬 고슈를 만나는 행운을 가졌다. 그와 함께 있으면 사람은 거룩함을 느낄 수 있었다.

또한 우리는 어떻게 거룩한 어머니, 비베카난다, 브람마난다, 프레마난다 스와미들, 그리고 다른 이들이 죄인들의 삶을 변화시켰고, 그들이 거룩한 사람들이 되었는지를 목격했다.

구루로부터의 이 은총의 효과가 확실하다는 것은, 나의 스승이 그의 제자들 중의 한 명에게 말을 했을 때 그에 의해서 확인되었다. 마하라지는 이 제자에게 말했다. "죽음 이후에 너에게 무슨 일이 일어날 것인가, 나는 이미 준비해두었다. [적어도 죽음의 순간에, 제자는 신을 깨닫고 그에게 가서, 탄생, 죽음, 재탄생의 속박으로부터 풀려날 것이라는 의미이다.] 하지만 만약 살아있는 동안 그 해방의 희열을 깨닫기를 원한다면, 너는 노력하고 연습해야 한다."

그것은 기차에 타는 것과도 같다. 당신은 잠을 자든 깨어있든, 분명히 목적지에 도달할 것이다. 하지만 깨어있으면서 가는 길에 경치를 즐겨라.

이 제자는 일찍이 한적한 곳에 살면서 금욕을 수행할 수 있도록 마하라지의 허락을 구했다. 하지만 마하라지는 그의 나약함을 알았고, 그래서 그는 말했다. "왜 너는 금욕을 수행해야 하느냐? 우리가 너를 위해 그 모든 것을 했다." 그리고 마하라지는 이 제자에게 그를 사랑하라고 요구했다. 세 번에 걸쳐 그는 그저 그를 사랑하라고 했다.

구루를 사랑하는 것은 신을 사랑하는 것이다. 구루에 대해 생각하는 마음은 자동적으로 신의 선택된 이상에 대해 생각하기 시작한다.

이미 말했듯이, 구루는 그의 제자들에게 신성한 시각을 준다. 우리의 스승, 마하라지 앞에서, 우리 모두는 신을 깨닫는 것이 얼마나 간단하고 쉬운지를 느꼈다. 구루는, 신이 바로 그 자신의 것이며, 그는 더 가까운 것보다 더 가까이에 있고, 내면의 지배자(안타리야민)로서 언제나 안에 존재한다는 진리를 제자들이 깨닫게 만든다. 이제 관련된 질문이 생겨난다. 위대한 영혼들의 제자들 중에는 길을 벗어나서 욕정과 탐욕의 지배를 받게 되는 것처럼 보이는 자들이 있다. 그런 예는 심지어 신성한 화신의 제자들 중에서도 발견될 수 있다.

또한 신의 비전을 가진 몇몇 사람들도 나중에 세상적인 마음을 가지게 되는 것처럼 보이기도 한다. 어떻게 이것이 가능한가? 이것에 대한 대답은 힌두교도들이 프라랍다 카르마라고 부르는 것으로 과거 생애의 행위들의 결과, 풀어져야 할 성향들이다. 그런 사람들은 자신들의 과거 인연이나 과거 지식을 완전히 잊지 않는다. 그들은 다시 태어나고, 두 배가 된 에너지로 자제력을 얻고, 신에게 헌신한다.

슈리 라마크리슈나는 일찍이 양심의 가책을 느끼게 되었던 그의 제자들 중의 한 명에게 말했다. "너는 구루의 은총을 가지고 있다. 왜 네가 두려워해야 하는가? 용기를 가져라. 구루의 은총을 가지고 있는 자는 갈망의 폭풍이 일어난다 해도 세상의 바다에 빠질 수 없다. 구루가 그를 들어 올릴 것이다."

기독교 신학자들에 따르면, 예수를 배신했던 제자인 유다는 그리스도의 은총을 잃었다고 여겨진다. 하지만 힌두교도들은 그렇게 생각하지 않는다. 힌두교도들은 유다가 그의 구루인 그리스도 즉 신의 화신의 은총을 얻었기 때문에 그 또한 하늘에 계신 아버지께로 들어 올려졌다고 믿는다.

그러나 잘못된 길로 가는 제자들의 이 모든 예는 평생 우리가 조심하고 경계하라고 가르쳐주는 본보기이다.

주기도문, "우리를 유혹에 빠지지 않도록 인도하소서."와 슈리 라마크리슈나의 기도. "오 신성한 어머니시여, 세상을 홀리는 당신의 마야에 우리가 혼란스러워하지 않게 하소서."를 기억하자. 힌두교의 신성한 경전 찬디는 신들조차도 신성한 어머니께 "오, 어머니, 온 세상은 당신에게 넋이 빠집니다. 오직 당신을 기쁘게 함으로써 사람은 신의 진리를 깨닫고, 탄생과 죽음, 그리고 상반되는 쌍들의 속박의 불행으로부터 빠져나올 수 있습니다."라고 기도한다고 말한다.

신이 우리가 빠지도록 인도하는 유혹은 무엇인가? 신성한 어머니의 세상을 홀리는 마야는 무엇인가? 그것은 그의 능력, 신성한 어머니를 통한 신의 창조이다. 밖으로 향하는 감각들은 자유와 희열의 원천인 신이 우리 각자 안에 있다는 것을 잊어버리고 이 창조된 세상의 쾌락을 누리고자 한다.

이제 수트라 39의 첫 부분을 생각해보자. 위대한 영혼의 은총을 얻는 것은 어렵다. 왜냐하면 그런 사람을 알아보는 것은 어렵기 때문이다.

예수는 왜 그런 영혼을 알아보는 것이 어려운지를 분명히 지적한다. "… 요한이 와서 먹지도 않고 마시지도 않으니, 그들이 말하기를, 그가 악마가 들렸다. 사람의 아들이 와서 먹고 마시니, 그들은 말하기를, 보라. 탐욕스럽게 먹고, 술고래이고, 세리와 죄인들의 친구인 사람이다."

나의 스승은 말하곤 했다. "얼마나 준비되어 있는가? 그렇다. 많은 사람들이 우리를 찾아온다. 우리는 그들에게 줄 보물이 있지만, 그들은 단지 감자, 양파, 가지만을 원한다."

다시 말해서, 시원한 음료를 고마워하기 위해서는 목이 말라야 한다.

"구하라, 그러면 찾을 것이다."

카타 우파니샤드에서 우리는 읽는다. "많은 사람들에게는 나에 대해 듣는 것이 주어지지 않는다. 그들이 그것에 대해 듣는다고 해도, 많은 사람들은 그것을 이해하지 못한다. 그것에 대해 말하는 사람은 훌륭하다. 그것을 배우는 사람은 똑똑하다. 좋은 스승으로부터 배워서 그것을 이해할 수 있는 사람은 복을 받았다. 무지한 사람에게 가르침을 받으면 나의 진리를 완전히 이해할 수 없다… 이 나는 가장 미묘한 것보다 더 미묘하고, 논리를 초월한다. 나와 브람만을 하나라고 아는 스승에게서 배우면, 사람은 허황된 이론을 뒤로 하고 진리에 이른다."

성 마태의 복음서는 말한다. "그리고 그[예수]가 그들에게 다음과 같이 말하면서 비유로 여러 가지를 말했다. '씨 뿌리는 자가 씨앗을 뿌리러 나갔다. 그리고 그가 씨앗을 뿌릴 때, 어떤 씨앗들은 길에 떨어져서 새들이 와서 그것을 먹었다. 다른 씨앗들은 흙이 많지 않은 돌투성이 땅에 떨어졌는데, 흙이 깊지 않아 그것들은 즉시 싹이 돋았지만 태양이 뜨자 누렇게 말랐다. 그리고 그것들은 뿌리가 없어서 시들어버렸다.

다른 씨앗들은 가시 위에 떨어졌고, 가시가 자라서 그것들의 숨통을 조였다. 다른 씨앗들은 좋은 땅에 떨어져서 곡식을 내었는데, 어떤 것은 백 배, 어떤 것은 육십 배, 어떤 것은 삼십 배가 되었다. 귀가 있는 자는 들어라.'"

다시 우리는 예수가 "돼지 앞에 진주를 던져주지 말라."(누가복음 7:6)고 말하는 것을 볼 수 있다.

샹카라가 진정으로 지적하는 것처럼, "우리는 신의 은총을 통해서만 그 세 가지 얻기 힘든 이득 즉 인간으로의 탄생, 해방에 대한 갈망, 깨달은 스승의 제자가 되는 것을 얻는다."

해방에 대한 갈망이 있을 때, 수행자가 신의 비전에 목마르게 될 때, 밭은 씨를 뿌릴 준비가 되어 있고, 그는 구루의 은총을 받는다.
　사람이 진지하고 진실하게 영적 삶을 추구할 때, 영적 힘의 전달자는 틀림없이 온다.

41

신과 위대한 영혼은 다르지 않다[16].

신은 그의 무한함으로 모든 존재 안에 살고 있다. 말하자면, 하나이고, 무한하고, 절대적인 실체인 브람만은 모든 존재들 안에 그리고 어디에나 똑같이 살고 있다. 산스크리트에는 "그는 브람만, 창조자, 기둥과 같은 무생물 안에 똑같이 살고 있다."라는 말이 있다. 하지만 그의 현현의 정도에는 차이가 있다. 인간에게서 그는 더 큰 현현을 가진다. 그러므로 "인간으로의 이 탄생은 축복받았다."라고 말해진다. 왜냐하면 인간은 신을 깨닫고 그와의 합일에 이를 기회와 힘이 있기 때문이다.

하지만 모든 인간들 중에서 신의 가장 완벽한 현현은 그를 알고, 그와 이야기를 하고, 그와 하나가 된 그의 헌신자들에게 있다. 헌신자들은 그와 하나가 된 후에, 매혹적으로 사랑스러운 그들의 주인인 신을 사랑하는 사람으로 남는다. 신은 누군가를 편애하지 않는다. 그는 우

---

16 [옮긴이 주] 라마나 마하리쉬는 말한다. "신은 구루의 모습을 취하고 헌신자에게 나타나서 그에게 진리를 가르친다."

리 모두를 사랑하지만, 그는 그의 헌신자들을 그 자신의 것으로 생각한다. 헌신자들만이 신의 너무나 강력한 사랑을 알고 경험한다.

슈리마드 바가바탐에서 신은 현자 두르바사에게 말한다. "나는 나의 헌신자들을 사랑하고, 나는 내 사랑에 있어서 자발적인 노예이다. 나의 이 헌신자들이 나를 위해 기꺼이 모든 것을 희생하는데, 어떻게 그러지 않을 수가 있는가? 그들은 나에게 자신을 완전히 맡겼다."

슈리 라마크리슈나는 말하곤 했다. "바가바트, 박타, 바가반 즉 경전, 헌신자, 신은 하나이며 동일하다." 한 번은 그가 비전을 보았다. 신 크리슈나의 이미지에서 뿜어져 나오는 한 줄기 빛이 그와 경전에 닿았고, 그것은 이 세 가지가 하나이며 동일하다는 것을 그에게 보여 주었다.

문다카 우파니샤드에서 우리는 읽는다. "현자는 모두를 지탱하는 자, 그 안에 우주를 포함하고 있는 순수하고 찬란히 빛나는 존재인 브람만을 안다. 현자를 숭배하라. 자신에 대해 생각하지 않고 그렇게 하라. 그렇게 하는 사람들은 탄생과 죽음의 경계를 건넌다."

헌신자들은 어떤 특정 카스트, 인종, 국적이나 특정 종교의 종파에도 속하지 않는다. 그들은 그들 스스로의 계급에 있다.

그들은 힌두교도도 아니고, 기독교도도 아니고, 이슬람교도도 아니고, 유대교도도 아니다. 그들은 카스트와 종교의 모든 장벽들을 넘어서는 신의 사람들일 뿐이다. 그러므로 신의 헌신자들 중 누구에게서든 은총을 받는 것은 신의 은총을 받는 것과 똑같다.

42

그러므로 위대한 영혼의 자비를 찾아라.

이미 지적했듯이, 만약 사람이 신에 대한 열망을 가지고 그의 사랑을 갈망한다면, 그는 영적 길에서 그를 인도하고 그에게 신성한 사랑의 길을 보여줄 수 있는 구루를 찾는다.

따라서 수행자에게 가장 중요한 것은 분별력을 통해 신에 대한 열망을 만들어내는 것이다. 샤카라가 지적한다. "해방에 대한 이 열망이 아주 조금 또는 중간 정도로 있을지라도, 그것은 스승의 은총을 통해, 그리고 포기의 수련과 평온함 등과 같은 미덕의 수련을 통해 강렬해질 것이다. 그리고 그것은 결실을 맺을 것이다."

43

좋지 않은 만남을 반드시 피하라.

특히 영적 삶의 시작에서는 악한 사귐을 피하라. 슈리 라마크리슈나는 말한다. "어린 식물은 길 잃은 동물들에게 잡아먹히는 것으로부터 보호하기 위해 주변에 울타리를 칠 필요가 있다. 식물이 큰 나무로 자라면, 그것은 모두에게 피난처를 제공한다."

악한 사귐은 단지 세상적인 마음을 가진 사람들과의 교제를 의미하는 것은 아니다. 그것은 또한 모든 유혹의 대상들을 피하는 것을 말한다.

우파니샤드에는 이런 기도가 있다.

"우리의 귀로 좋은 것을 듣게 하소서.
우리의 눈으로 당신의 의로움을 보게 하소서.
몸이 평온해져서,
당신을 숭배하는 우리가 휴식을 찾게 하소서."

"영의 눈을 뜨고 브람만이 전부임을 보라."는 말이 있다. 우리는 위대한 영혼들이 죄인과 성자를 구분하지 않는다는 것을 발

수트라들 141

견한다. 만약 사람들이 위대한 영혼의 자비에 자신을 맡긴다면, 비록 큰 죄를 지었을지라도 그들은 들어 올려져서 결국 성자가 된다.

슈리 라마크리슈나는 말하곤 했다. "신은 모두 안에 살고 있지만, 당신은 호랑이를 안아주지는 않는다." 그러나, 신의 사람 앞에서는 호랑이도 그의 흉포함을 잃고 양처럼 된다.

나는 개인적으로 나의 스승 마하라지의 삶에서 이상한 현상을 경험했다. 하루는 마드라스에서 그가 또 다른 젊은 제자, 그리고 나와 함께 걷고 있었을 때, 갑자기 미친 황소가 우리로부터 몇 야드 떨어진 곳에서 나타나, 고개를 숙이고 접근해서 공격하려고 했다. 도망칠 시간은 없었다. 마하라지를 보호하기 위해, 나의 형제와 나는 그의 앞으로 나서려고 했다. 하지만 그가 팔을 들어 우리를 그의 뒤로 밀었고, 황소를 바라보며 가만히 서 있었다. 그러자 황소는 진정되었고, 머리를 좌우로 흔들며 우리를 지나가게 했다.

44

좋지 않은 만남은
이기적 욕망, 분노, 망상, 영적 목표의 망각, 식별의 상실,
가치 있는 모든 것들의 상실을 오게 하기 때문이다.

45

좋지 않은 만남은
처음에는 해로움이 잔물결처럼 보일 수 있지만,
점점 커져 거대한 바다처럼 될 수 있다.

우리는 모두 삼스카라 즉 과거 행위들과 생각들의 인상을 가지고 태어난다. 그리고 또한 현재의 행위들과 생각들에 의해 새로운 인상을 만들어낸다. 어떤 것들은 좋은 것이고 어떤 것들은 나쁘다. 우리는 모두 선과 악의 혼합물이다. 우리의 현재 삶뿐만 아니라 과거 삶의 이 삼스카라는 씨앗과도 같다.

만약 신성한 사귐을 유지한다면, 그것은 좋은 씨앗에게 자랄 수 있는 기회를 줄 것이고, 나쁜 씨앗은 가만히 있을 것이다. 따라서 신성한 자들과 교제하고 악한 사귐을 피하는 것이 중요하다.

바가바드 기타에는 하나의 시가 있다.

"감각 대상들을 생각하면 그는 감각 대상들에 애착된다.
애착이 커지면, 그는 중독된다.
그의 중독이 좌절될 때, 그것은 분노로 바뀐다.
분노하면 그의 마음이 혼란스러워진다.
마음이 혼란스러워지면, 그는 경험의 교훈을 망각한다.

경험의 교훈을 망각하면, 그는 분별력을 잊는다.

분별력을 잃으면, 그는 삶의 유일한 목적을 잃는다."

이와 관련해서도 샹카라를 인용할 가치가 있다. "감각 갈망의 무서운 길을 걷는 미혹된 사람은 걸을 때마다 자신의 파멸로 더 가까이 간다는 것을 알라. 그리고 이것 또한 사실임을 알라. 진실로 그의 행복을 빌어주는 자인 그의 스승이 가리키는 길을 걷는 사람은, 그 자신의 더 나은 판단에 의해, 브람만의 지식의 최고의 열매를 거둔다는 것을. 만약 당신이 진정으로 해방을 원한다면, 감각 즐거움의 대상들을 독처럼 멀리 두라. 그리고 만족, 연민, 용서, 정직, 평온, 자기 통제와 같은 미덕들을 마치 그것들이 넥타인 것처럼 즐겁게 계속 마셔라."

46

누가 마야 즉 환영의 바다를 건너는가?
(1) 감각 대상들에 대한 애착들을 포기한,
(2) 위대한 영혼들을 섬기는, (3) 자아를 포기한,

마야란 무엇인가? 여기에서 마야는 실재를 가리는 무지를 말한다. 사람의 진정한 성품은 신성하지만, 마야 즉 무지라고 알려진 불가해한 어떤 힘을 통해, 그 신성은 우리 안에 가려진 채로 있다. 나, 즉 아트만은 브람만과 하나이다. 그것은 우리 안에 있는 하나의 변하지 않는 실재이다. 하지만 무지를 통해, 나는 비나 즉 육체, 마음, 감각들, 감각기관들과 동일시되고, 그 자신이 유한하고, 제한되고, 구속되었다고 여기면서 그 자신의 신성을 의식하지 못한다.

이 마야 즉 무지는 사실의 문제이다. 우리의 무지에 의해 만들어진, 실제인 것과 실제가 아닌 것의 결합은 우리의 일상생활에서 보편적으로 명백한 과정이다. 샹카라는 비나인 대상과 나인 주체가 빛과 어둠처럼 서로 반대되고, 동일시될 수 없다는 것은 명백하고 증거가 필요 없다고 지적한다. 그것들 각각의 특성은 더 말할 것도 없다. 하지만 어떤 불가해한 힘을 통해, 실제로 변하지 않고, 희열의 아트만인 사람은 실제인 것과 실제가 아닌 것을 결합해서, 비나의 성품과 속성에 자신을 중첩시킨다.

그리고 당연한 일이지만, 그는 육체의 정신적이고 물리적인 속성, 행위와 자신을 동일시한다. 우리는 이 "나"가 무엇인지 생각하는 것을 멈추지 않고, "나는 뚱뚱하다," 또는 "나는 피곤하다"라고 말한다.

우리는 더 나아간다. 우리는 자신에 대한 전적으로 외적인 대상들과 조건들을 주장한다. 우리는 "나는 민주당원이다." 또는 "이 집은 내 것이다."라고 선언한다. 우리는 우리의 자아를 우주에 있는 모든 대상과 어느 정도 동일시한다. 그리고 그동안, 내면의 나, 내재하는 신은 이 분위기들과 우스꽝스러운 것들로부터 완전히 초연해서 바라본다. 하지만 의식의 빛을 마음에 부여함으로써 그것들 모두를 가능하게 만드는데, 그 의식의 빛이 없으면 마야는 존재할 수 없다. 이 마야는 다시 말해 보편적이다. 그것은 무지한 사람에게 뿐만 아니라 지적이고 학식이 있는 사람에게도 있다. 아트만에 대한 직접적인 경험인 이 지식이 깨어날 때만, 이 마야는 사라진다.

바가바드 기타에서, 슈리 크리슈나는 말한다.

"구나들로 만들어진
나의 이 신성한 마야를 넘어가기는 얼마나 어려운가!
그러나 누구든지 형식적인 다르마들을 모두 버리고
그들 자신의 아트만이며 환영의 주권자인 나에게 완전히 피난한다면
이 환영을 넘어설 것이다."

신 안에 피난처를 구하는 것, 자신을 완전히 그에게 맡기는 것은 마야를 넘어서는 방법이다. 우리는 자기-복종의 이 이상을 이미 고려했다.

이제 이 마야를 극복할 수 있는 방법에 대해 나라다가 뭐라고 말해

야 할지 생각해보자.

모든 애착을 포기하는 자. 이 애착은 무엇인가?

그것은 슈리 라마크리슈나에 의해 "갈망lust과 탐욕"이라는 두 단어로 정의된 세상성에 대한 집착이다. 나의 스승은 금욕austerity의 수련을, 열정들을 통제하는 것과 감각기관들이 그 대상을 향해 가는 것을 억제하는 것이라고 설명하곤 했다. 이것은 영적 수행자의 입장에서 노력과 수련을 필요로 한다.

이와 관련해서 바가바드 기타를 인용하자면, 거기에서 아르주나는 묻는다.

"오, 크리슈나시여! 당신은 이 요가를 브람만과 합일의 삶이라고 설명합니다.

하지만 저는 이것이 어떻게 지속적일 수 있는지 알지 못합니다.

마음은 아주 불안정합니다.

오, 크리슈나시여! 인간의 마음은 감각들의 손아귀에 사로잡혀 있어서

너무 심하게 흔들리고 불안정합니다.

세상적인 것에 대한 완고한 욕망으로 커지고

완고해지고 강해져서,

그는 그것을 어떻게 길들일 것입니까?

진정, 제가 생각하기에 바람은 거세지 않습니다."

슈리 크리슈나는 대답한다. "오, 힘이 센 자여! 그렇다. 의심의 여지없이 마음은 불안정하고 그리고 통제하기 어렵다. 하지만 쿤티의 아들이여, 그것은 끊임없는 수행과 초연함의 연습으로 통제될 수 있

다." 확실히, 만약 사람이 그의 자아를 통제하지 못한다면, 그는 이 요가를 완전히 익히는 것이 힘들다는 것을 알게 될 것이다. 하지만 자기 통제를 한 사람은 열심히 노력하고 올바른 수단을 사용한다면, 그것을 완전히 익힐 수 있다."

성 아우구스티누스는 이것을 "꾸준한 자기 수양, 그리고 영혼의 정화"라고 말한다.

찬도기야 우파니샤드에서 우리는 읽는다. "음식이 정화되면, 가슴이 순수해진다. 가슴이 순수할 때, 신에 대한 변함없는 묵상이 있다."

정화되는 "음식"이 의미하는 것은 무엇인가? 음식은 우리가 먹는 것뿐 아니라 감각의 문들을 통해 우리가 모으는 것을 의미한다. 순수한 음식을 먹는 것은 쉽다. 육체의 순수함은 쉽게 달성된다. 하지만 가장 중요한 것은 정신적 순수함, 가슴의 순수함을 얻는 것이다. 그것을 얻은 위대한 사람들은 우리가 감각 대상들로부터 도망치거나 세상으로부터 물러날 필요가 없고, 집착이나 혐오 없이 감각 대상들 가운데서 움직여야 한다고 말한다. 이렇게 해서 음식은 정화된다.

그리고 음식이 정화되면, 가슴이 정화되고, 그런 다음에는 신에 대한 변함없는 묵상이 온다.

이 문맥에서, 변함없는 묵상은, 한결같은 물줄기처럼, 어떤 종류의 장애물에 의해 야기되는 아무런 중단도 없이 마음이 신을 향해 달려가는 상태를 의미한다. 제시된 예는 "하나의 그릇에서 다른 그릇에 부어진 기름"에 대한 것이다.

이렇게 마음이 지속적인 흐름으로 신을 향해 달려갈 때, 수행자는 지고의 사랑을 얻고 그로 인해 신과의 합일에 이른다.

그리스도는 산상 수훈에서 말했다. "마음이 깨끗한 사람은 행복하다. 그들은 신을 볼 것이다."

이 순수함의 표시는 신에 대한 변함없는 묵상이고, 그것이 신을 향한 지고의 사랑이다. "마음은 항상 신에 대해 생각해야 한다." 물론 처음에는 항상 신에 대해 생각하는 것이 아주 힘들지만, 새로운 노력을 할 때마다 그렇게 하는 능력이 우리 안에서 더 커진다.

박타 즉 헌신자는 부드럽고 자연스러운 방식으로 초연함을 성취한다. 세상적인 마음을 가진 사람들의 평범한 삶을 예로 들어보겠다. 한 남자가 한 여자를 사랑한다. 얼마 후 그는 또 다른 여자에게 마음을 빼앗겨서 그녀를 사랑하기 시작하고, 그는 첫 번째 여자를 보낸다. 그녀를 원한다는 느낌이 전혀 없는 채, 그녀는 그의 마음에서 부드럽게 지워진다.

St. Francis de Sales는 그의 신의 사랑에 대한 책에서 말한다. "모든 사랑 중에서, 신의 사랑이 가장 선호되는 것이기에 우리는 그것만을 위해 그 모든 것들을 버릴 준비를 항상 마음속으로 해야 한다."

나의 스승은 종종 우리에게 수련하고 수련하라고 권했다. 가슴속에서 신의 존재에 대한 수련을 통해 우리는 우리를 향한 신의 너무나 강력한 사랑을 느끼기 시작하고, 그에 대한 사랑이 자연스럽게 생긴다. "수련하라, 수련하라, 명상하라, 명상하라." 이것은 아직도 내 귀에 선명하게 울리고 있는 나의 스승의 말이다.

비베카난다의 말에서, "따라서 감각들과 지성의 즐거움들에 대한 이 사랑은 신 그 자신의 사랑에 의해 모두 희미해지고 버려지며 그늘로 던져진다… 박티 요가는 더 높은 사랑의 학문이다. 그것은 우리에게 그것을 지휘하는 direct 법을 보여준다. 그것은 우리에게 그것을 통제하는 법, 그것을 다루는 법, 그것을 사용하는 법, 그것에게 새로운 목표를 주고, 말하자면, 그것으로부터 최고의 그리고 가장 영광스러운 결과를 얻는 법, 즉, 그것이 우리를 영적 축복으로 인도하게 만드는 법을 보여준다. 박티 요가는 '포기하라.'라고 말하지 않는다. 그것은 단지 '사랑하라. 최고의 존재를 사랑하라.'고 말한다. 최고의 존재가 그가 사랑하는 대상이다. 그에게서 모든 낮은 것들은 자연스럽게 떨어진다."

그러면 우리는 연꽃잎처럼 세상에서 살아간다. 그것은 물에서 자라지만 물은 그것으로부터 떨어진다. 세상에서 살아가라, 하지만 그것에 속하지는 말라. 위대한 사람들을 섬기는 것... 우리는 영적 안내자, 즉 구루가 필요하다는 것을 이미 설명했다. 지고의 사랑을 얻는 주요 수단은 구루의 은총을 통해서이다.

지고의 사랑과 지혜를 얻기 위해서는 구루를 섬기는 것이 매우 중요하다. 힌두교 경전들 중의 하나에서는 이렇게 말한다. "삽으로 땅을 파는 자만이 물을 얻는 것처럼, 구루를 섬기는 자는 그가 소유하고 있는 브람만의 지식을 얻는다." 구루는 그의 제자에게 해방을 주는 능력을 가지고 있다.

경전들은 놀라운 진리를 드러낸다. 하지만 이 진리에 대한 본보기가 없다면, 진리는 살아있지 못한다. 그런 본보기가 되는 사람을 섬기는 것은 영적 수행자들에게 꼭 필요하다.

바가바드 기타는 말한다. "구도자는 세 가지 일들을 해야 한다. 그는 구루 앞에 엎드려야 한다. 이것은 그가 신을 깨닫고자 하는 열망으로 가득 찬 마음으로 겸손하게 그에게 다가가야 한다는 것을 의미한다. 그런 다음 그는 그에게 질문해야 한다. 구루가 그를 가르칠 때, 그의 말들을 있는 그대로 받아들여서는 안 되고, 그의 마음에서 모든 의심들을 제거하기 위해 그 가르침을 이해하려고 노력해야 한다. 또한, 그는 개인적인 봉사를 해야 한다."

구루에게 개인적인 봉사를 하는 것은, 비록 그것이 매우 중요하긴

하지만, 반드시 물리적 의미에서의 봉사를 의미하는 것은 아니다. 우파니샤드 중 하나에서는 말한다. "구루의 입술로부터 브람만의 진리에 대해 들어라. 그런 다음 그것에 대해 추론하고reason, 마지막으로 그가 가르친 대로 그 진리에 대해 명상하라."

구루에 대한 봉사는 또한 그의 가르침을 따르는 것을 의미한다. 슈리 라마크리슈나의 제자 중의 한 명인 스와미 쉬바난다는 이렇게 말했다. "개인적으로 나에게 시중드는 너희들만이 나를 섬기는 자들이라고 생각하느냐? [라마크리슈나 수도회]의 다른 센터에 있는 사람들과 심지어 멀리 다른 나라에 있는 사람들도, 비록 나를 보지는 못하지만, 우리 스승의 대의cause를 섬김으로써 그리고 묵상과 명상의 수련을 함으로써, 신을 섬기고 나를 섬기고 있다."

"나와 나의 것"이라는 감각으로부터 자유로운… 그. 마야가 무지라는 것은 이미 설명되었다. 우리의 진정한 성품은 신성하고, 순수하고, 자유롭고, 깨달아져 있다. 하지만 무지의 어둠인 마야가 안에서 브람만의 빛을 덮고 있다.

선Zen에서 가르치는 비슷한 진리가 있다. 나는 하쿠인의 "좌선의 노래"를 인용한다.

> "모든 존재들은 기본적으로 붓다이다.
> 물과 얼음처럼, 물과 별개인 얼음은 없다.
> 존재들과 별개인 붓다들은 없다.
> 진리가 그들에게 얼마나 가까이 있는지 알지 못하고,
> 존재들은 멀리서 그것을 찾는다. 얼마나 애석한 일인가!
>
> 그것은 물속에서 있으면서 갈증을 느끼면서

물을 달라고 외치는 사람들과 같다.
그것은 가난한 자들 사이에서 길을 잃은
부자의 아들과 같다.

> 존재들이 여섯 개의 세상들을 거치며 옮겨 다니는 이유는
> 그들이 무지의 어둠에서 길을 잃었기 때문이다.
> 어둠에서 어둠으로 떠돌아다니면서
> 어떻게 그들은 탄생과 죽음으로부터 자유로울 수 있는가?"[17]

이 무지의 어둠이 낳은 첫 번째 아들은 자아의 감각, "나와 나의 것"이라는 감각이다.

슈리 라마크리슈나는 "자아가 죽으면, 모든 문제들이 끝난다."라고 말하곤 했다. 구름은 태양의 빛을 가린다. 구름이 떠나는 순간, 태양은 보이게 된다. 자아는 아트만 즉 브람만의 빛을 덮고 있는 그 구름과 같다. 구루의 은총을 통해, 그리고 그의 가르침을 따름으로써 자아가 사라질 때, 신의 진리는 드러나게 된다.

St. Francis de Sales는 [종교인들에게 보내는 편지]에서 말한다. "신은 당신이 전적으로, 적나라하게, 자신을 완전히 벗어버릴 것을 원한다."

브람만과 개별적 영혼의 차이는 그 사이에 있는 "나"의 감각에 의해 만들어진다. 만약 당신이 호수 표면에 막대기를 둔다면, 물은 두 부분으로 나누어지는 것처럼 보이겠지만, 실제로 그 물은 하나이다. 그

---

17 [옮긴이 주] Zazen Wasan Hakuin의 "Song of Zazen" Lenkei Shibayama, Sumika Kudo Kyoto 번역.

것은 막대기 때문에 둘로 보인다. "나"라는 감각은 우리를 신으로부터 분리시키는 막대기이다.

이 "나" 감각은 무엇인가? "나는 이것이다. 나는 저것이다. 나는 똑똑하다. 나는 아주 많은 재물을 가지고 있다. 나는 위대하고 힘이 있다."라고 말하는 것이다. 이 "나"와 "나와 나의 것"이라는 감각을 어떻게 없애는가?

슈리 라마크리슈나는 이 점에 대해 몇 가지 아주 실용적인 가르침을 제시한다.

첫째, 오직 사마디에서만 자아가 완전히 사라진다고 설명한다. 그런 다음 그는 말한다. "그것은 일반적으로 우리에게 들러붙는다. 우리는 천 번을 분별할 수 있지만, '나' 감각은 반드시 계속해서 되돌아온다. 당신은 오늘 무화과나무 가지를 잘라낼 수 있지만, 내일이면 새로운 가지가 돋아나고 있는 것을 보게 될 것이다. 만약 이 '나' 감각이 떠나지 않는다면, 그것이 신의 하인으로 머물러 있게 하라. '오, 신이시여! 당신은 나의 주인이고, 저는 당신의 하인입니다!' 이런 식으로 생각하라. '나는 그의 하인이다, 나는 그의 헌신자이다.' 이런 종류의 '나'에는 아무런 해가 없다. ... 기도와 극도의 열망으로 그의 거룩한 이름을 반복하는 것을 통해, 틀림없이 신에게 도달할 수 있다.... 만약 하인의 이런 태도가 진실하고 완벽하다면, 열정과 분노는 마음에 단지 흉터만 남기고 떨어져 나갈 것이다.

헌신자의 이 '나'는 어떤 생명체에게도 해를 끼치지 않는다. 그것은 철학자의 돌에 닿은 후에 금으로 변하는 칼과도 같다. 그 칼은 같은 형태를 유지하지만 누군가를 베거나 다치게 할 수 없다. 코코넛나무의 마른 잎은 나무 몸통에 자국을 남기고 바람에 떨어진다. 그 자국은 한때 거기에 잎이 있었다는 것을 증명해준다. 마찬가지로, '나' 감각의 흉터는 신을 깨달은 사람의 마음에 남아있지만, 그의 전체적인 성품은 순진한 아이의 성품으로 변한다. 아이의 '나' 감각은 세상적인 대상들에 집착되지 않는다."

슈리 라마크리슈나는 계속한다. "가장은 그의 아이들을 돌봐야 하지만, 동시에 그는 그들을 아기 크리슈나 또는 신의 아이들이라고 생각해야 한다. 당신의 아버지를 신으로, 또는 당신의 어머니를 신성한 어머니로 섬겨라.... 모든 존재들 안에 살고 있는 신을 섬겨라."[18]

슈리 라마크리슈나는 또한 이 기도를 가르쳤다.

"저는 기계이고, 당신께서는 조작하는 자이십니다.
저는 집이고, 당신은 가장이십니다.
저는 당신께서 저에게 말하라고 시키시는 대로 말합니다.
저는 당신께서 저에게 행동하라고 시키시는 대로 행동합니다."

구도자는 그가 행위자라는 생각으로부터 스스로 벗어나려고 노력해야 한다.

---

[18] M의 영어 원문에서 스와미 아베다난다가 개정한 슈리 라마크리슈나의 복음서 (뉴욕: 베단타회, 1947)

47

(4) 한적한 곳으로 물러난,
(5) 세상의 속박들을 뿌리 뽑은, (6) 세 구나들 너머로 간,
(7) 세상의 대상들을 얻으려거나 지키려는 관심을 포기한,

카이발야 우파니샤드에는 위의 수트라에 대한 해설로서 여기에 인용될 수 있는 몇 개의 아름다운 구절들이 있다.

"한적한 곳으로 물러나라. 머리와 목을 일직선으로 해서 깨끗한 곳에 꼿꼿한 자세로 앉아라. 세상에 무관심하라. 모든 감각기관들을 통제하라. 당신의 구루에게 헌신하며 절하라. 그런 다음 가슴의 연꽃으로 들어가 그곳에서 순수하고 행복한 브람만의 존재에 대해 명상하라.

감각들에 나타나지 않고, 모든 생각을 넘어서고, 형태에 있어서 무한한 것이 신이다. 그는 모든 선의 행위자이다. 그는 영원히 평온하다. 그는 불멸이다. 그는 시작, 중간, 또는 끝이 없는 하나이다. 그는 어디에나 퍼져 있다. 그는 무한한 지혜이며, 그는 희열이다.

현자seer들은 그에 대해 명상하고 모든 존재들의 근원, 모두의 목격자에 도달한다. 그들은 모든 어둠을 넘어선다. 그는 브람마이고, 그는 쉬바이고, 그는 인드라이고, 그는 지고의 존재이고, 변하지 않는 실재이다. 그는 비슈누이고, 그는 원초적 에너지이고, 그는 영원이

다. 그는 모두이다. 그는 존재했었던 것이고, 앞으로 존재할 것이다. 그를 아는 자는 죽음을 정복한다. 해방에 대한 다른 길은 없다."

이제 위의 각각의 개념들에 대해 개별적으로 생각해보자.

한적한 곳에 사는 사람.

나라다는 모든 영적 수행자들에게 거룩한 사람들과 사귀고, 위대한 영혼의 은총을 받으라고 충고하고, 이제는 수행자는 또한 한적한 곳에 살아야 한다고 말한다. 이것은 평생 고독하게 사는 것을 의미하지는 않는다. 그러면 자기중심적이 될 위험이 있다. 일정 기간 또는 심지어 가끔 한적한 곳에 사는 것은 가장뿐 아니라 수도사에게도 매우 중요하고 꼭 필요하다. 한적한 곳에 사는 것은 세상인 혼란에서 벗어나 신에게 전적으로 자신을 바치는 것을 의미한다.

슈리 크리슈나가 바가바드 기타에서 말한다.

"한적한 곳으로 물러나 홀로 머물며....
그는 이 세상의 희망들과 소유물들로부터 벗어나야 한다."

한적한 곳에 살면서, 신에 대한 갈망을 강화하라. 명상하고, 신의 이름을 챈트하며, 그의 영광을 칭송하고, 경전들을 공부하고, 그것들의 의미에 대해 명상하라. 이렇게 하면서 당신은 신에 대한 사랑이 커질 수 있도록 얼마 동안 시간을 보내야 한다.

이와 관련해서 슈리 라마크리슈나는 말한다.

"만약 버터를 원한다면, 우유를 응고시켜 누구도 방해할 수 없는 곳에 그것을 두어야 한다. 그렇지 않으면 응유가 가만히 있지 않을 것이다. 그런 다음 그것을 저으면 버터가 생길 것이다. 마찬가지로 초보자는 세상적인 마음을 가진 사람들의 방해를 받지 않고 고독하게 앉아 있어야 한다. 그러면 명상의 수련에 의해, 진정된 마음을 휘저음으로써 신성한 사랑의 버터를 얻을 것이다. 만약 고독 속에서 신에게 마음을 준다면, 포기와 절대적 헌신의 정신을 얻게 될 것이다. 만약 세상에 마음을 준다면, 그것은 세상적으로 자라 욕정과 탐욕에 대해 생각할 것이다.

세상은 물에, 마음은 우유에 비유될 수 있다. 일단 물과 섞인 순수한 우유는 그것과 분리될 수 없다. 하지만 그것이 우선 버터로 바뀌고 그런 다음 물에 두면, 그것은 분리된 채로 있을 수 있다. 당신의 마음의 우유가 고독 속에서 종교적 수련에 의해 신성한 사랑의 버터로 바뀌게 하라. 그러면 마음은 세상성의 물과 절대 섞이지 않고, 위로 올라가 세상에 집착하지 않은 채 있을 것이다. 진정한 지식과 헌신을 얻으면, 마음은 세상과 떨어진 채로 있을 것이다."[19]

세상의 속박을 끊어버리는... 자. "마음의 우유가 신성한 사랑의 버터로 바뀌었을 때", 그것은 세상성에 집착하지 않게 된다. 그런 사람은 세상의 속박으로부터 자유로워진다. 그가 반드시 세상으로부터 도망치거나, 만약 그가 가장이라면, 그의 부모, 아내, 또는 아이들로부터 도망친다는 것은 아니다. 그는 자신의 가족을 신의 가족으로 보는 법을 배우고, 그들 각자에게서 신을 보고 더 큰 사랑으로 그들을 섬긴다. 왜냐하면 가족에 대한 그의 사랑은 완전히 이기심 없는 사랑이 되기 때문이다.

세 가지 구나들을 넘어선... 자. 이것에 대한 최고의 해설은 기타의 제14장에서 찾아볼 수 있는데, 나는 그것을 다음과 같이 요약할 것이다.

---

[19] Ibld.

크리슈나는 그의 헌신자이자 친구인 아르주나에게 세 가지 구나(에너지의 유형)들은 프라크리티(원초적 자연)로부터 나온다고 말한다. 그것들은 삿트바, 라자스, 타마스라고 알려져 있다. 삿트바는 순수, 명료, 마음의 고요로, 라자스는 불안정, 열정, 활동으로, 타마스는 무지와 무력으로 그 자신을 표현한다. 진화 과정에서, 삿트바는 실현되어야 하는 이상적 형태를, 라자스는 그것의 실현을 가능하게 만드는 힘을, 타마스는 라자스가 삿트바를 성취하기 위해 움직이고 형성하는 비활성의 덩어리를 나타낸다. 구나들은 끊임없는 상호작용의 상태에 있고, 하나의 구나가 다른 두 개의 구나들보다 우세할 때마다 사람의 기분은 변한다.

크리슈나는 세 개의 구나들이 모두 육체 안에 사는 자를 가두고 그가 자신의 진정한 성품인 아트만을 알지 못하도록 방해하는 속박이라고 지적한다. 타마스는 게으름, 어리석음, 비겁함의 굴레이다. 라자스는 욕정, 탐욕, 강박적인 활동의 굴레이다. 심지어 삿트바도 우리가 깨달음 대신 행복과 세상적 지식을 찾도록 만듦으로써 우리를 구속한다.

그러므로, 현명한 사람은 그의 속박을 깨고 자유로워지기 위해 구나들을 극복해야 한다고 크리슈나는 말한다. 그는 분별력의 연습에 의해 이것을 해야 한다. 그는 구나들과, 그것들로 인해 야기되는 기분들을 싫어해서는 안 된다. 그는 그것들이 그에게 행하도록 만드는 행동들과 자신을 동일시해서는 안 된다. 그는 실제로 모든 행위의 행위자는 그가 아니라 그것들이라는 것을 기억해야 한다. 그는 그것들이 떨어져 있지만 아트만과 하나라는 것을 알아야 한다. 그는 행복과 고통, 칭찬과 비난, 부와 가난을 동등한 눈을 가지고 바라보고, 절대 의기양양함이나 절망에 스스로 굴복하지 않는다. 그는 어떤 것에 대한 결핍도 느끼지 않는다.

크리슈나는 아르주나에게 이렇게 말함으로써 끝을 맺는다. "만약 사람이 흔들리지 않는 사랑으로 나를 숭배하면, 그는 이 세 가지 구나들을 넘어설 것이다."

심지어 살아있는 동안 신에게 의존하는… 자. 이 수트라들에 포함된 가르침은 최고의 가르침들이다. 사람은 모두를 동시에 따를 수는 없다. 그는 점점 더 신에 대해 생각하는 것을 수련하도록 노력해야 하고, 그런 다음에 그에 대한 사랑이 가슴에서 발달하기 시작하면, 수행자는 쉽고도 자연스럽게 그것들을 따를 수 있게 된다.

예를 들어 살아있는 동안에 누가 신에게 완전히 의존할 수 있는가? 그 자신을 신에게 완전히 맡겼고 안에서 그의 살아있는 존재를 계속해서 느끼는 자만이 그러하다.

바가바드 기타에서 슈리 크리슈나는 그의 제자 아르주나에게 말한다.

"그들 자신과 나가 하나라는 것을 아는 사람들은 나를 언제나 경건하게 숭배한다. 나는 그러한 헌신자들에게 필요한 모든 것들을 주고 그들이 이미 가진 것을 잃지 않도록 지켜준다."

이 시와 관련된 흥미로운 전설이 하나 있다. 사제였던 위대한 학자가 있었다. 그는 바가바드 기타에 대한 해설을 쓰고 있었다. 이 특별한 시에 이르렀을 때, 어떻게 신 크리슈나는 그의 헌신자가 필요로 하는 모든 것을 그에게 가져다줄 수 있을까? 하고 스스로 생각했기 때문에 그는 어리둥절했다. 그는 이 특별한 구절이 써넣은 어구 interpolation라고 결론지었다. 그래서 그는 vahamyaham(나는 가져다준다)이라는 어구를 지우고 dadamyaham(나는 제공한다)이라는 어구로 대체했다.

학자는 그의 집에서 조금 떨어진 마을에서 사제로 일했다. 그는 자신과 가족들이 하루하루 쓸 만한 돈만 겨우 벌었다. 인도 사제는 결혼할 수도 있다. 이제 마침 그가 기타에서 그 특정 어구를 지워버린 날, 그는 사제의 임무를 다하기 위해 먼 마을로 갔고, 밤낮으로 맹렬히 계속되는 폭풍이 일었다. 그가 집으로 돌아가는 것은 불가능했다. 그는 다음날 그가 돌아갈 때까지 아내와 아이들이 음식이 없이 지낼 것을 밤새 걱정했다. 하지만, 그가 집에 없는 동안, 한 어린 소년이 과일과 채소가 담긴 큰 바구니를 가지고 와서 사제의 아내에게 그것을 건네며 말했다. "당신의 남편은 내일까지 돌아오지 못합니다, 그래서 내가 당신과 아이들을 위해 여기에 가지고 온 이 바구니를 그가 보냈습니다. 하지만 당신의 남편은 나를 보내기 전에 내 이마를 긁었다는 사실을 말해야겠네요. 여기에 자국을 볼 수 있습니다."

이렇게 말하며 그 소년은 사라졌다. 아내와 아이들이 배고픔에 시달렸을 것을 걱정하며 남편이 집에 돌아왔을 때, 그는 사과하며 맹렬한 폭풍 때문에 집에 올 수 없었다고 말했다. 하지만 그의 아내는 말했다. "왜 그러세요. 당신은 우리를 위한 음식이 들어있는 바구니를 가진 어린 소년을 보냈고, 우리는 즐거운 만찬을 가졌어요. 그런데 그 어린 소년에게 그렇게 잔인할 수 있다니 도대체 무슨 일이예요? 당신이 그의 이마를 긁어서 핏자국이 있었어요."

그러자 사제는 그들이 필요로 하는 것을 그들에게 가져온 자가 바로 신 자신이었다는 것을 갑자기 깨달았다. 그래서 그가 해설을 하고 있는 바가바드 기타의 판본에서, 그는 vahamyaham이라는 어구를 세 번 반복했다. 나는 가져다준다, 나는 가져다준다, 나는 가져다준다.

수트라들

48

(8) 행위의 결과들을 포기한[20], (9) 행위들 자체를 포기한,
(10) 상반되는 쌍들에서 자유로워진,

카르마 법칙, 즉 인과의 법칙은 물리적 세계에서뿐만 아니라 도덕적, 정신적 세계에서도 작용한다는 것은 이미 언급되었다. 카르마 법칙은, 만약 내가 당신을 위해 선한 행위를 하거나 당신에 대해 사랑하는 마음이 있다면, 나는 보상을 받을 것이라고 말한다. 당신 자신이 나에게 그 보상을 주든 아니든 상관없다. 내가 좋은 일을 한다면, 나는 보답으로 좋은 것을 받을 것이다. 만약 내가 나쁜 일을 하면, 나쁜 것이 나에게 돌아올 것이다. 우리의 행복과 불행은 우리 자신의 행동과 생각에 의해 만들어진다. 그것이 법칙이다.

우리가 이 카르마 법칙에 매여 있는 한 자유나 완벽은 성취될 수 없다. 왜냐하면 모든 행동들이나 생각들은 우리 행동들과 생각의 내용들에 따라 행복이나 불행뿐만 아니라 우리가 탄생, 죽음, 재탄생의 영향을 받도록 만드는 우리 마음의 인상들과 성향들도 만들어내기 때문이다.

---

20 [옮긴이 주] 카르마 법칙으로부터 자유로운

카르마 법칙으로부터의 자유는 우리가 행동을 그만두거나 생각하기를 멈추어야 한다는 의미는 아니다. 카르마 법칙에 대한 우리의 속박을 야기하는 것은 무엇인가? 그것은 행동과 우리 일의 결실들에 대한 우리의 애착이다. 그래서 나라다는 여기에서 우리에게 일의 결실들을 포기하라고 가르친다. 모든 이기적 활동들을 포기하라고 가르친다.

그 비밀은 바가바드 기타에서 슈리 크리슈나에 의해 가르쳐진다.

"그대는 일할 권리는 가지고 있지만 일의 결실들에 대한 권리는 결코 가지고 있지 않다. 일의 결실들에 대한 욕망이 그대의 동기가 되어서는 안 된다. 일을 하지 않아도 결코 안 된다. 그대의 가슴을 지고의 신에게 가슴을 고정시킨 채 매 행위들을 하라. 결실들에 대한 애착을 버려라. 복종의 고요함 속에 있으면 그대는 바로 이번 삶에서조차 천국이나 지옥으로 나아가게 하는 선과 악 둘 다로부터 자유로워진다. 그러므로 그대는 가슴을 신과의 합일에 이르는 것에 전념하라. 가슴을 신과 하나가 되게 한 다음에 행동하는 것. 그것이 애착하지 않는 일의 비밀이다. 만약 어떤 사람이 결실들에 대한 갈망이 없이 신의 목적이 이루어지도록 신을 위해서 행위들을 한다면, 그는 탄생들의 굴레로부터 풀려나 희열의 상태 즉 불멸의 거처로 넘어간다."

모든 행동은 개인적 이득이나 이익에 대한 바람에서가 아니라 숭배로서 행해지기 때문에, 헌신자의 일생은 끝이 없는 의식ritual이 되는 것이다.

많은 사람들에게, 애착하지 않음은 무관심, 게으름 또는 체념을 암시한다. 사실 애착하지 않음은 무관심의 정반대이다. 그것은 신에 대한 헌신에서 나온 긍정적인 미덕이다. 애착하지 않음과 이기심 없는 봉사의 수련을 통해 헌신자는 원인과 결과, 행위와 보상의 바퀴로부터 스스로를 자유롭게 하고, 무한을 얻는다.

　상반되는 쌍들을 넘어서는… 자. 열기와 차가움, 쾌락과 고통, 성공과 실패 등, 상반되는 쌍들은 우리가 이 감각들의 세상에서 살아있는 한은 경험된다.

　슈리 크리슈나는 바가바드 기타에서 가르친다.

　"고요한 영은 차분한 마음으로 쾌락과 고통을 받아들이고, 그 어느 것에도 흔들리지 않는다. 그만이 불멸을 얻을 가치가 있다. 성공과 실패에 있어 동등한 마음을 지녀라. 마음의 동등이 요가이다."

　하지만 주된 문제는 삶의 상반되는 것들 가운데서 어떻게 이 차분함을 얻는가 하는 것이다. 나의 스승은 가르쳤다, "신의 기둥을 붙잡아라." 인도에서는 아이들이 기둥을 붙잡고 그 주위를 흔들리며 돌아가는 것을 좋아한다. 기둥을 붙잡고 있는 한, 그들은 넘어질 수 없다. 만약 이렇게 신의 기둥을 붙잡고 있다면, 폭풍과 스트레스도 당신을 휘저을 수 없을 것이다.

　더욱이, 위대한 비밀은 "나는 행위자이다."라는 감각으로부터 자유로워지는 것이다. 하지만 "나와 나의 것" 또는 "나는 행위자이다"라는 감각으로부터의 이 자유는 높은 상태이다.

　그러나, 당신이 신에 대해 더 많이 생각할수록, 그에 대한 사랑은 더 커지고 당신의 자아는 점점 더 작아질 것이다. 그러니 신의 기둥을 붙잡아라.

49

(11) 경전마저도[21] 포기한, 그는 중단 없이 계속 증가하는 신성한 사랑을 얻는다.

우리는 지고의 사랑이 우리의 가슴속에서 일어날 때까지 경전들의 명을 따르고 영적 수련들을 해야 한다. 이 지고한 사랑을 얻는 것은, 종종 지적되듯이, 신에 대한 깨달은 지식을 얻는 것과 동일한데, 그것은 그런 사람은 끝이 없고, 희열의 의식 속에서 살아간다는 것을 의미한다. 그렇다면 경전들의 명을 따라야 할 필요가 있는가?

---

21 [옮긴이 주] 의례와 의식들, 그것들은 마음을 움직이게 한다.

50

그런 사람들은
세상이라는 마야의 바다를 건너고,
다른 사람들도 건너도록 돕는다.

앞의 세 수트라에서는 영적 수련들에 대한 암시가 주어졌다.
이제 수행자가 수행해야 하는 영적 수련들이 무엇인지를 독자들에게 상기시키기 위해 바가바드 기타의 슈리 크리슈나의 말을 인용하겠다.

"어떻게 완벽해진 사람이
지식의 최고의 상태인 신에 이르는지를
이제 나에게서 배워라. 오, 쿤티의 아들아!

순수한 지성을 지니고 있고,
몸과 감각들을 확고하게 통제하며,
소리 등과 같은 감각의 대상들을 멀리하고
좋아함과 싫어함으로부터 자유로운

그러한 사람은 한적한 곳에 머물며

가볍게 식사를 하며

신체와 말과 마음을 통제하며

항상 명상에 몰두하는 삶을 산다.

자아, 강함. 오만, 욕망, 화와 탐냄이 떠나고

'나의 것'이라는 개념으로부터 자유롭고

평화로운 사람은 신과 하나가 될 준비가 되었다.

신과 하나 되어 고요해진 사람은

슬퍼하지도 욕망하지도 않는다.

모든 존재들을 동등하게 수용하게 된 그들은

나에 대한 최고의 사랑에 이른다."

  만약 헌신자가 이 수련들을 따른다면, 그는 지고한 사랑을 얻고 한결같이 깨달음의 상태에서 살아간다. 깨달은 가슴은 마야의 속박으로부터 해방된다. 그런 사람만이 영원한 기쁨을 경험한다. 그는 다른 사람들도 마야의 속박으로부터 해방되도록 돕는 진정한 구루가 된다.

  설명되었던 수트라 39-42에서, 나라다는 어떻게 사람이 그의 은총을 통해 마야의 속박으로부터의 해방을 얻는지를 지적하면서 구루의 필요성을 강조한다.

  이와 관련해서, 슈리마드 바가바탐에서 슈리 크리슈나가 말하는 것처럼, 깨달음을 얻은 그런 위대한 영혼들이 "온 세상을 정화한다."는 것을 나는 또한 지적해야겠다. 한번은 나의 스승이 그의 형제 제자 스와미 프레마난다에 대해 나에게 말했다. "그가 얼마나 위대한 영혼인지, 그가 어떤 거룩함을 발산하는지 너는 아느냐? 그의 눈이 어느 방향을 바라보든지 모든 방향은 정화된다." 그들이 세상을 떠나고 여러 해가 지난 후, 슈리 라마크리슈나의 이 제자들을 생각할 때마다, 나는 정화됨을 느끼고 거룩함을 호흡할 수 있다.

 깨달은 영혼들은 반드시 말을 하거나 설교를 할 필요가 없다는 것이 사실이다. 생각은 전염되고, 거룩함은 전염된다. 거룩한 사람이 방안에 틀어박혀 있다 해도, 그의 삶, 그의 거룩함, 신에 대한 그의 사랑은 온 인류를 도울 것이다. 이 도움은 신의 은총을 받기 위해 가슴을 열고, 영적 성취를 열망하는 자들에게 온다. 순수함과 거룩함의 생각들은 대기 중에 있다. 그리스도, 크리슈나, 붓다, 라마크리슈나, 그리고 다른 위대한 성스러운 사람들은 육체 안에 살고 있지 않지만 여전히 인류를 도우며 인도하고 있다.

51

이 지고한 사랑은 표현할 수 없다.

52

그것은 벙어리의 경험과 같다.

　수트라 15와 30에 대한 해설에서 설명된 것처럼, 니르비칼파 사마디 상태에서 깨닫게 되는 이 지고한 사랑의 경험을 말로 표현하는 것은 불가능하다.
　한번은 슈리 라마크리슈나의 제자들이 스승에게 이 지고한 경험을 설명해 달라고 했고, 그가 설명을 하려고 했을 때 그는 바로 사마디에 들어갔다. 그것을 말로 표현하려고 할 때마다, 그는 그 자체를 경험할 것이고, 완전한 침묵이 있을 것이다.
　슈리 라마크리슈나는 그것이 바다의 깊이를 재고 싶어 하는 소금 인형과 같다고 말하곤 했다. 소금 인형은 다른 사람들에게 물이 얼마나 깊은지 말하고 싶었지만, 바다에 들어가자마자 그것은 녹아버렸다. 그러면 그것은 어떻게 물의 깊이를 알릴 수 있었겠는가?
　나라다는 말 못 하는 사람이 말로 설명할 수 없는, 기분 좋은 맛의 경험을 예로 든다. 마찬가지로 신에 대한 이 지고한 사랑의 경험은 그 사람 자신 안에서만 느껴질 수 있고 말로는 표현될 수 없다.
　우파니샤드에는 아버지에 의해 브람만의 지식을 배우러 보내진 젊은이의 이야기가 있다. 처음에 그가 돌아와서 아버지가 그에게 무엇을 배웠는지 물었을 때, 그는 브람만의 성품에 대한 멋진 담론을 펼쳤다. 그러자 소년의 아버지는 그에게 돌아가서 좀 더 배우라고 말했다. 그는 두 번째로 돌아왔고 아버지로부터 같은 질문을 받았다. 그 소년은 조용히 있었다. 그러자 아버지가 외쳤다. "아니, 나의 아들아, 너의 얼굴은 브람만을 아는 자처럼 빛이 나는구나. 너는 그를 경험했구나. 그의 이름은 침묵이다."

슈리 라마크리슈나는 꽃 위에 앉을 때까지 큰 소리를 내는 벌의 예를 든다. 꽃 위에 앉아 꿀을 빨 때, 그것은 조용해진다. 때때로 꿀을 깊게 들이마셔 취하게 되면, 그것은 달콤한 콧노래 소리를 낸다.

마찬가지로 신의 사랑을 깊이 마셔 신에 취하게 된 후에, 어떤 사람들은 신에 대해 여러 방식으로 이야기한다. 하지만 그들은 절대로 내적 경험을 표현할 수 없다.

53

(비록 그것을 표현할 수는 없지만), 그럼에도 불구하고,
그 사랑은 얻은 위대한 영혼들에게는 보인다.

이 지고한 사랑의 경험, 위대한 영혼들이 깨달은 하나라는unitary 의식의 경험은 말로 표현할 수 없는 것이지만, 그럼에도 불구하고 그들의 본보기의 삶은 영적 수행자들에게 길잡이가 된다는 것이 사실이다. 수행자들은 이 자유로운 영혼들과 함께 있을 때, 그들이 얼마나 행복한 의식 상태에서 살고 있는지, 어떻게 그들의 사랑이 모든 존재들을 향해 흘러가는지를 느낄 수 있다.

나의 스승이 함께 있을 때, 우리 모두는 자신 안에서 기쁨의 흐름을 느꼈고, 그는 신을 깨닫는 것이 얼마나 단순하고 쉬운지 우리가 알도록 만들었다. 신은 우리가 손에 쥐고 있는 열매와 같다. 그는 신은 가장 가까운 것보다 더 가깝고, 가장 소중한 것보다 더 소중하다고 우리가 느끼도록 만들 것이다. 이와 같이 이 위대한 영혼들은 수행자들에게 침묵으로 신의 진리를 전달할 수 있는 것이다.

샹카라가 그린 펜 그림이 하나 있다. 스승이 나무 아래에 조용히 앉아 있는데, 그는 젊다. 제자들은 그의 주위에 앉아 있는데, 그들은 나이가 많다. 그들 또한 침묵하고 있다. 점차 제자들의 의심이 풀리고,

진리가 그들에게 드러난다.

신의 진리는 언제나 새롭고 영원하기 때문에 스승은 젊다. 미신과 무지는 시작이 없는 시간부터 존재해왔기 때문에 제자들은 나이가 많다.

54

이 지고한 사랑은
속성들이 없으며, 이기적 욕망들이 없다.
그것은 매순간 커져가며, 끊어지지 않는 내적 경험이며,
가장 미묘한 것보다 더 미묘하다!

이 지고한 사랑은 아트만 즉 브람만의 진정한 성품이다. 말하자면 브람만 즉 신은 사랑 그 자체이다. 따라서 속성들이 없다. 이 사랑이 사람의 가슴 속에서 생겨날 때, 그는 사랑 그 자체인 신과 그가 하나라는 것을 깨닫는다. 일반적인 인간의 사랑에서, 사랑하는 사람은 사랑받는 사람에게서 어떤 속성 또는 특징을 보기 때문에 사랑이 생겨난다. 하지만 이 신성한 사랑에서, 사랑은 사랑 그 자체의 결실이라는 것 외에는 어떤 이유도 알지 못한다.

사람이 이 사랑을 얻을 때, 그는 모든 보물들 중의 보물을 발견했다. 그곳에 완전한 성취가 있다. 그러면 모든 이기적인 욕망들은 단지 유리구슬처럼 보인다.

거룩한 어머니, 사라다 데비는 우리가 신과의 완전한 결합에서 성취를 찾을 수 있도록 아무 욕망이 없기를 기도하라고 우리에게 가르치곤 했다.

그러나 위대한 영혼들에게는, 만약 그것이 욕망이라고 불릴 수 있다면, 하나의 욕망이 남아있다. 위대한 영혼의 가슴은 연민으로 가득

차 있다. 그의 단 하나의 욕망은 모든 인류가 "이성 너머에 있는 평화"를 가져다주는 이 사랑을 찾는 데 도움을 주고자 하는 것이다.

이 지고한 사랑은 매 순간 강렬해지고 언제나 새롭다. 나의 스승은 "빛, 더 많은 빛, 더 많은 빛! 그것에 끝이 있는가?"라고 말하곤 했다.

쉬바의 헌신자에 대한 재미있는 전설이 있다. 인도에서 사람들은 쉬바의 성상 앞에 황소의 이미지가 있음을 본다. 전설에 의하면 황소는 신 쉬바의 위대한 헌신자를 나타낸다. 그 헌신자의 사랑은 너무나 강렬하게 커졌다. 아주 황홀한 기쁨을 경험해서, 그는 인간의 뼈대로는 더 이상 그 사랑을 담을 수 없게 되었다. 그래서 그는 그 강렬한 사랑과 기쁨을 담고 평온해질 수 있도록 강한 황소로 변신했다고 한다.

그것은 가장 미묘한 것보다 더 미묘한, 끊어짐이 없이 이어지는 내적 경험이다.

박타는 희열과 달콤함에 계속해서 잠겨 있다. 한번은 젊은 수행자가 스와미 투리야난다에게 물었다. "스와미시여, 당신은 잠을 자지 않습니까?" 그가 대답했다. "아니다. 나는 잠을 잔다. 하지만 나의 잠은 너의 잠과는 다르다."

다시 말해, 그는 잠을 자면서도 그 내적 기쁨을 경험한다. 그것은 가장 미묘한 것보다 더 미묘하다. 왜냐하면 그것은 느껴지지만 말들로는 표현할 수 없기 때문이다. 이 경험은 삿-칫-아난다 브람만 즉 절대적 존재, 순수한 의식, 절대적 사랑 그 자체를 경험하는 것이기 때문이다. 그것은 표현할 수 없고 설명할 수 없다.

55

이 지고한 사랑에 이르면,
그는 어디에서나 자신의 연인만을 보고,
어디에서나 그가 하는 목소리를 듣고,
그와만 말하고 그만을 생각한다.

사실 그는 그가 사랑하는 신과 계속해서 결합되어 있다. 그는 신성한 시각을 받고, 신 외에는 아무것도 보지 않는다. 이 분명히 보이는 다원들로 된 우주 뒤에서, 그는 하나의 실재를 본다. 그런 사람은 모든 존재와 생명체를 동등한 눈으로 바라본다.

사실, 우리는 실제로 신을 항상 지각하고 있다. 그러나 오직 이름과 형체로 된 우주가 신에게 덧붙여져 있다. 실제로 이 우주는 단지 브람만에 불과하다. 하지만 우리는 마야의 주문에 걸려 있기 때문에, 그것을 의식하지 못한다.

신성한 시각이 열릴 때까지는, 우리는 물리적 눈으로 오직 물질과 물리적 대상만을 본다. 깨달음을 얻은 사람은 영의 눈을 가지고 있다. 그는 어디에서나 어떤 상황에서도 신을 본다. 그는 어디에서나 신에 대해 듣는다.

그가 듣는 모든 소리는 오직 신의 말만을 떠올리게 한다.

슈리 라마크리슈나는 황홀경의 상태에서 말했다. "오 어머니, 당신은 알파벳 모든 글자들의 소리입니다. 당신은 부적절하거나 타당하지 않게 들릴 수도 있는 것에도 있으며 또한 경전에도 있습니다. 당신은 그런 모든 소리들 안에 있습니다." 이런 말을 하며 슈리 라마크리슈나는 사마디에 들어갔다.

깨달은 가슴은 선과 악의 베일 뒤에서 그가 사랑하는 이의 하나로 있는 빛을 본다. 그는 그에 대해서만 말하고, 그는 그만을 생각한다.

샹카라는 말한다. "어떻게 현명한 사람이 지고한 희열의 경험을 거부하고 단지 외적인 형태에서 오는 기쁨을 찾을 수 있겠는가? 달이 지나칠 정도로 아름답게 빛나고 있는데, 누가 그려진 달을 보는 데 신경을 쓰겠는가?"

그런 다음 그는 우리에게 신 안에서 우리의 삶을 사는 법을 가르친다.

"실재가 아닌 것의 경험은 우리에게 만족감을 주지 못하고, 고통으로부터의 도피도 제공하지 못한다. 그러므로 브람만의 달콤한 희열의 경험에서 만족을 찾아라. 아트만에게 헌신하고 영원히 행복하게 살아라.

오 고귀한 영혼이여, 이것이 당신이 시간을 보내야 하는 방법이다. 어디에서나 아트만을 보고, 아트만의 희열을 누리고, 둘이 없는 하나의 존재인 아트만에게 당신의 생각을 고정시켜라."

56

예비의 사랑이 있다.
이것은 삿트바, 라자스, 타마스의 마음[22] 중
우세한 구나를 따르는 것이다[23].

앞의 몇몇 수트라들에서 지고한 사랑의 본질이 논의되었다. 요약하자면 박타가 그의 구루와 신의 은총을 통해 지고한 사랑을 얻고 신의 지식에 의해 깨달음을 얻을 때, 그는 세 가지 구나들을 초월하고, 이기적인 욕망으로부터 벗어나며, 어디에서나 그가 사랑하는 신을 보고, 신 안에서 깨지지 않는 희열의 내적 경험을 한다고 말할 수 있다.

이것은 영적 수련들을 함으로 경험될 수 있는 상태이다. 물론 이런 지고한 사랑을 가지고 태어나는 일부 예외적인 영혼들이 있다. 아바타들은 영원히 순수하고 자유롭다. 이슈바라코티들은 아바타의 제자들이다. 그들은 아바타들이 그런 것처럼 그런 지식과 헌신을 가지고 태어난다. 하지만 보통 사람들은 그런 헌신과 지식을 얻기 위해 열심히 노력해야 한다.

박티 즉 사랑은 이미 말한 것처럼 준비적 헌신과 또한 성취를 의미

---

22 [옮긴이 주] 삿트바, 라자스와 타마스
23 [옮긴이 주] 지고한 사랑, 파라 박티가 아니라 이차적인 사랑, 보통의 사랑 즉 가우니gauni 사랑에 대해서 말하고 있다.

할 수도 있다. 이 특별한 수트라에서는 그들의 다양한 성품과 성향에 따라 헌신을 수련하는 여러 부류의 사람들이 있다고 다시 설명된다.

나는 수트라 1에서 신에게 헌신하는 다양한 부류의 사람들을 이미 논했다. 즉 세상에 지친 사람들, 삶을 이해하려는 사람들, 충족되지 않는 욕망들을 지닌 사람들이다.

그와 관련해서 마지막으로 나는 아트만을 깨달은 사람들을 언급했다. 이들은 슈리 크리슈나에 의해 묘사된다. 그들은 모든 것의 헛됨을 알고 사랑을 위해 신을 사랑한다.

그들은 최고의 부류이다. 슈리 크리슈나는 그들에 대해 "그들은 나의 연인이다."라고 말한다. 그런 헌신자들은 지고한 사랑과 깨달음을 얻는 것에 가장 가깝다.

수트라 56에서는 구나들 즉 삿트바, 라자스, 타마스 중 어느 하나의 우세에 따라 구분이 만들어진다. 삿트바적인 헌신자는 신에게 헌신한다. 그의 단 하나의 이상은 세상의 속박으로부터 자유로워지는 것과 신과의 합일에 이르는 것이다. 그의 가슴의 단 하나의 기도는 신에 대한 순수한 사랑과 그에 대한 순수한 지식을 갖는 것이다.

라자스적인 헌신자는 성공, 건강, 번영 같은 물질적 목적을 위해 신에게 헌신한다.

타마스적인 헌신자는 라자스적인 헌신자처럼 아직 영원한 것과 영원하지 않은 것을 분별하는 단계에는 이르지 못했다. 타마스적인 헌신자는 일반적 의미에서 종교적이다. 즉, 그의 종교는 일요일 종교이다. 그는 규칙적으로 교회에 다니고, 헌금함에 돈을 넣고, 기도를 조금 하고, 성가대에서 신의 영광을 노래한다. 그는 아직 인생의 목표를 분명하게 정의하거나 이해하지 못한다.

하지만 타마스적인 헌신이 라자스적인 헌신자의 단계에 이르기 위한 발걸음이라는 것을 우리는 기억해야 한다. 결국 헌신자는 샷트바 단계에 이른다.

사람이 어떻게 신에 대한 헌신을 시작하는지는 중요하지 않지 않다. 약간의 기도, 신에 대한 조금의 생각이라도 우리를 점차적으로 지고한 성취로 이끈다[24].

슈리 라마크리슈나는 헌신자들을 세 부류로 분류하곤 했다. 가장 높은 부류의 헌신자들은 어디에서나 사랑하는 분을 본다. 여러 개의 우주는 단지 신의 여러 형태, 또는 아주 많은 가면을 쓰고 나타나는 신일뿐이다. 그들은 풀잎뿐 아니라 우주의 창조자 브람마에게서도 신을 본다. 중간 부류의 헌신자들은 그들 가슴의 성소 안에서 신을 보고 그가 내적 지배자, 목격자라는 것을 안다. 가장 낮은 부류의 헌신자들은 하늘을 바라보며, "신은 저 위에 계신다."라고 말한다.

---

[24] [옮긴이 주] 크리슈나는 신에 대한 사랑이 쉽다고 바가바드 기타에서 말한다. "누군가가 나에게 나뭇잎 하나, 꽃 한 송이, 과일 한 알, 물 한 모금을 주더라도 나는 그것을 받을 것이다. 그 선물은 사랑이며, 그의 가슴은 사랑이다."

57

이것들에서는,
앞의 것이 뒤의 것보다 고귀하다.

그들은 모두 궁극적으로 초월적 또는 지고한 사랑에 이른다는 것을 우리는 한 번 더 말해야 한다. 어떤 이유에서든 신에게 헌신하기 시작하라. 그러면 당신은 그를 향한 첫걸음을 내디딘 것이다.

58

사랑의 길은
다른 길들 보다 쉽다.

　모든 사람은 그의 가슴 속에 사랑을 가지고 있기 때문에, 사랑의 길은 가장 쉽다. 사랑은 말로 표현하기 힘든 것이지만 자신의 가슴 속에서 느껴지고 경험된다. 부모님은 그들의 아이들을 사랑하고, 아이들은 부모님을 사랑한다. 부부간의 사랑과 친구들 사이의 사랑이 있다. 사랑이 어떤 형태를 취하든 그것의 본질은 신성하다. 우리가 서로에게 느끼는 매력은 모두 안에 살고 있는 신의 매력이지만, 우리는 그것을 의식하지 못한다. 그래서 사랑의 길은, 그의 사랑을 신에게 향하기만 한다면, 모든 사람이 쉽게 따를 수 있는 길이다.
　위대한 현자 프라흘라다의 아름다운 기도가 있다. "신이시여, 세상 사람들은 세상의 대상들을 사랑합니다만 저는 당신에 대한 사랑을 가지게 하소서." 우리는 성품이 사랑인 실재 쪽으로 사랑을 돌릴 때만 사랑은 성취된다. 더운 날 바다에 더 가까이 갈 때 시원한 바닷바람을 느낀다. 마찬가지로 신에게 더 가까이 갈수록 당신은 신의 사랑을 느끼기 시작할 것이다.
　신의 사랑을 느끼기 시작할 때, 신에 대한 당신의 사랑은 강렬해진다. 그러면 당신은 온 가슴, 영혼, 마음, 힘을 다해 신을 사랑하는 법을 배운다. 낮은 형태의 사마디에서 신의 비전을 얻는다. 결국 당신은 가장 높은 사마디를 얻고 신과의 합일에 이른다. "내가 아니라 당신입니다. 옛사람은 갔습니다. 오직 당신만이 남아있습니다. 저는 당신입니다."

59

사랑은 그 자체가 증거이다.
다른 것을 요구하지 않는다[25].

---

25 [옮긴이 주] 다른 길들에서는 많은 추리나 의문이 일어날 것이다. 사랑에서는 그러한 것들이 없다. 자명하다. 사랑은 영혼의 깊은 경험이다.

60

왜냐하면 사랑은
평화와 절대적인 희열을 오게 하기 때문이다.

사랑은 사람의 가슴속에서 느껴지고 경험된다. 그것 자체가 그 자신의 타당성이다.

이 신성한 사랑의 내용은 평화와 지고의 희열인데, 그것은 오직 사람이 신과의 합일에 이를 때만 경험된다.

사람은 인간의 사랑에서 평화와 기쁨을 찾을 수 있지만, 그것들은 지속적이지 않다.

신에 대한 사랑을 통해 당신이 경험하는 평화와 기쁨은 지속적이고 계속 이어지며, 그것은 강렬해진다.

61

박타는 세상 사람들로부터
명성을 잃을까봐 걱정해서는 안 된다.
왜냐하면 그는 자신의 유한한 자아를 포기했으며
모든 세상적이거나 신성한 활동들을
자신의 가슴에 있는 신에게 바쳤기 때문이다.

사실, 헌신자는 그가 이 세상의 어떤 것을 소유하고 있다고 느끼지 않는다. 그는 신에게 자신을 완전히 바쳤다.

나라다가 이미 설명한 것처럼 자기 복종은 영적 삶의 정점이다. 모든 영적 수련들은 우리가 신과 그의 의지에 우리 자신을 바칠 수 있도록 하기 위해 수행된다.

나의 유일한 피난처는 오직 당신입니다, 오, 신이시여. 저는 당신의 것입니다. 저는 당신의 것입니다. 당신은 저의 것입니다. 저의 것입니다.

이와 같이 헌신자의 가슴은 신에 대한 사랑으로 언제나 가득 차 있다. 이익이나 상실은 그의 마음에 들어오지 않는다.

그의 가슴은 신의 희열로 언제나 가득 차 있다. 경전이 명한 의례들과 의식들은 그에게 더 이상 필요하지 않게 된다.

슈리 라마크리슈나가 말했듯이, 브람민이 하루에 세 번 행하는 규칙적 의례들인 산디야는 브람민이 매일 반복하는 베다 기도인 가야트리에 합쳐진다.

가야트리는 신성한 음절 옴을 간단히 말하는 것으로 끝난다. 옴은 침묵 속으로 합쳐진다.

62

완전한 사랑을 얻을 때까지는,
세상의 활동들을 포기해서는 안 된다.
행위의 결과들을 신에게 바친 채 계속해서 일을 해야 한다.

예를 들어, 크리슈나, 붓다, 그리스도 또는 라마크리슈나와 같은 위대한 스승들의 삶을 보라. 그들은 신을 깨달았다. 그들은 신과 하나가 되었다. 그들의 시각은 변했다. 그들은 하나의 신, 어디에나 퍼져 있는 하나의 희열의 의식을 보았다.

그렇지만 우리는 그들이 가르치고 설교하는 것을 발견한다. 그들은 최고의 경험에서 내려왔다. 그들은 지친, 무거운 짐을 지고 있는, 신을 모르는 사람들에게로 갔다. 그들은 무지 속에서 살아가는 인류를 위해 가르쳤다.

슈리 크리슈나가 바가바드 기타에서 말한다. "오, 프리타의 아들아! 나를 생각해 보라. 나는 우주의 주인이다. 따라서 나는 행위를 해야 할 필요는 없다. 나는 세 세상들에서 얻어야 할 것이 아무것도 없다. 그럼에도 불구하고 나는 계속해서 행위를 한다.

내가 행위를 멈추면 사람들 역시 나를 모방할 것이다. 오, 프리타의 아들아! 내가 행위를 멈추면 어떻게 될 것 같은가? 그들은 모두 길을 잃을 것이다. 그 결과는 창조물들의 파괴가 될 것이다."

나의 스승 마하라지가 언젠가 나에게 말했다.

"나는 신이 성자의 가면, 죄인의 가면, 정직한 자의 가면, 도둑의 가면 같이 아주 많은 가면들을 쓰고 놀이를 하는 것을 본다. 그렇다면 어떻게 내가 누군가를 가르칠 수 있는가? 그러나 나는 그 경험에서 내려와서, 나는 너의 실수들을 보고 너를 바로잡아주려고 노력한다."

슈리 라마크리슈나는 깨달은 위대한 영혼들은 인류를 가르치기 위해 "지식의 자아"를 가지고 있다고 말하곤 했다.

이 자아는 말하자면 철학자의 돌에 닿아서, 그것은 금으로 변했다. 그래서 그것은 아무런 해를 끼칠 수 없다.

63[26]

이성[27], 부[28] 및 세상적인 것들에 대한 이야기에
귀를 기울여서는 안 된다.

이 수트라와 다음 세 개의 수트라에서, 나라다는 지고한 사랑에 이르기 위해 우리가 피해야 하는 것을 우리에게 말하고 있다.

앞의 수트라들 중의 하나에서 그는 우리에게 악한 사귐을 피하라고 충고했다.

여기에서 그는 우리에게 욕정이 있는 사람, 탐욕스러운 사람, 신을 믿지 않는 사람뿐만 아니라 그것들에 대해 이야기하는 것을 듣는 것까지도 피해야 한다고 말한다.

이 가르침은 특히 영적 삶의 초보자들을 위한 것이다.

---

26 [옮긴이 주] 신에 대한 생각을 마음으로부터 주의를 빼앗는 것을 무엇이나 피한다는 것이다.
27 [옮긴이 주] 열정들이 일어나게 한다.
28 [옮긴이 주] 매력을 일어나게 한다.

64

자만, 허영 등과 같은
마음의 부정적인 경향성들[29]을 버려야 한다.

스와미 비베카난다는 종교를 "사람 안에 이미 존재하는 신성의 펼침"이라고 정의했다.

완벽 즉 신성은 모든 존재의 진정한 성품이다.

그것은 모든 인간에게 잠재적으로 존재하지만, 무지의 자물쇠와 창살에 의해 가두어져 있다.

이 무지는 무엇인가? 처음에 그것은 절대적 존재, 순수한 희열의 의식, 그리고 영원한 사랑으로 있는 내재하는 신을 숨긴다.

다음으로 그것은 자아라는 감각을 만들어낸다. 이 자아는 순수한 내재적인 신을 마음, 감각들, 육체 등과 동일시하는 것에 의해 만들어진다.

다시 이 자아로부터 우리에게 즐거움을 주는 대상들과 사람들에 대한 애착을 일어나게 하고 우리에게 고통이나 괴로움을 주는 것과 사람을 혐오한다.

"감각들이 감각의 대상들에 대한 애착과 혐오는 자연스럽다. 그러

---

29 [옮긴이 주] 거짓, 다른 사람들을 속이는 것, 거친, 해로운 행위

나 그대는 그런 감정들에 굴복해서는 안 된다. 그것들은 적들이다."

또한 이 표면적 삶에 매달리고 싶은 욕망이 생긴다.

그리스도의 말을 인용하면, "누구든지 자기 목숨을 구하고자 하는 자는 그것을 잃을 것이다."

표면적 삶의 뒤 또는 아래에는 신 안의 영원한 삶이 있다.

그러나 이것은 우리가 사람들을 사랑해서는 안 된다거나 세상의 대상들에 대해 무관심하고 세상에서 활동을 중단해야 한다는 것을 의미하는 것은 아니다.

더욱이, 슈리 크리슈나는 말한다.

"그러나 감각들을 통제하여
좋아함과 싫어함이 없이
피할 수 없는 감각 대상들에게만 다가가야 한다.
그러한 사람은 평화를 얻는다.

가슴이 이 평화를 얻을 때
모든 슬픔은 끝이 난다.
그러한 고요한 사람의 이성은
아트만의 지혜에 자리를 잡는다.

감각들을 통제하지 못한 마음에는
아무런 이성이 없다,
어떻게 그 마음이 아트만을 명상할 수 있겠는가?
아트만을 명상하지 않는 사람에게 평화는 없다.

평화가 없는 사람에게

어떻게 행복이 있을 수 있겠는가?"

자아 때문에 마음이 불안해지고 마음이 통제되지 못하게 만든다. 또한 자아로부터 자만심, 허영심, 이름과 명성에 대한 욕망이 생긴다. 이 모든 것들은 무지의 제거에 있어서 가장 큰 장애물이다.

산스크리트로 된 하나의 시가 있다. "자만심은 취하게 하는 술과 같고, 명예는 돼지의 오물이며, 명성은 최악의 지옥이다. 오, 인간이여, 이 세 가지 악한 것들을 피하고 행복하라!"

스와미 비베카난다는 인도와 서양 모두에서 최고의 명성을 경험했고 가장 큰 명예를 얻었다.

마하라지의 제자이며 스와미지를 잘 아는 스와미 암비카난다는, 스와미지가 황홀경에 잠겨서, 주위를 의식하지 않고, 벨루르 수도원 밖을 이리저리 걸으며, 위의 시를 계속해서 챈트하는 것을 보았다고 나에게 썼다.

그러나 자아가 모두 나쁜 것은 아니다. 이미 말했듯이, 깨달음을 얻은 위대한 영혼들은 인류를 가르치기 위해 그들의 지식의 자아를 가지고 있다.

영적 수행자는 궁극적으로 자아를 초월하기 위해 자아를 가져야 한다. 따라서 그에게도 그가 신을 갈망하고 신을 사랑하도록 원하게 만드는 지식의 자아가 있다.

그는 자신이 신의 아이임을 느껴야 한다. 그는 신의 하인이다. 요약하면, 우리를 신으로부터 분리시키는 자아, 허영 되고, 질투심 많고, 시기하는 자아, 자기를 추구하는 자아는 "무지의 자아"이다. 그 자아는 신을 깨닫고자 하는 열망에 의해 극복되어야 한다. (수트라 27 참조.)

65

모든 행위들을 신에게 바쳐라.
모든 자신의 욕망[30], 분노[31], 자만[32] 등과 같은 것들을
오직 신에게 향하게 하라.

호마라고 불리는 의식이 있다. 그 의식에서는 브람만과 브람만의 힘인 샥티가 불 안으로 불러들여지도록 의식이 행해진다.

브람만과 그 힘이 불 안에 존재한다는 굳은 확신과 함께 공물이 바쳐지고 기도가 챈트된다.

의식의 마지막에 모든 행위는 선하든 악하든 그것의 결과와 함께 다음의 기도와 함께 신에게 바쳐진다.

"육체를 입은 존재이고, 지성, 생명력 및 그것들의 작용을 부여받은 나는 이제 나의 모든 행동들과 그 결과들을 브람만의 불에 바친다. 내가 깨어있거나, 꿈에서, 또는 꿈이 없는 잠에서, 나의 마음, 나의 혀, 나의 손, 또는 여러 부위들로 무엇을 행하고, 말하고, 또는 생각하든지 간에, 이 모든 것이 브람만에게 바치는 것이 되기를."

---

30 [옮긴이 주] 신과의 결합으로 우리의 욕망을 변형시켜라.
31 [옮긴이 주] 자신에게서 분노가 발견된다면, 우리가 신과의 우리의 시도들에서 게으르다는 것에 분노하라.
32 [옮긴이 주] 우리의 신과의 우리의 관계로 자랑스러워하라.

수행자는 그의 모든 행동들과 그것의 결실들을 마음으로 신에게 바치는 것을 매일의 수련으로 해야 한다.

그런 수련은 가슴을 정화시킬 것이다. 점차적으로 수행자는 신의 비전을 방해하는 행동을 그만둘 것이다. 믿음과 사랑이 그의 가슴에서 자라날 것이다.

우리 모두에게는 열정이 존재한다. 위대한 스승들은 그 열정들을 신에게로 향하라고 수행자들에게 종종 가르쳤다.

슈리마드 바가바탐에서 우리는 읽는다.

"신과의 동일시에 대한 감정과 그에 대한 헌신으로 자신의 욕망, 분노, 또는 여러 열정들을 신에게로 향하는 자는 누구든 신의 존재로 바뀐다."

한번은 스와미 투리야난다가 어린 소년이었을 때, 그는 자신의 스승, 슈리 라마크리슈나에게 가서 그가 욕망으로부터 자유로워지도록 도와달라고 간청했다.

슈리 라마크리슈나는 대답했다. "왜 너는 욕망으로부터 자유로워지기를 원하느냐? 오히려 너의 욕망을 늘려라."

그러자 제자는 욕망을 늘리는 것이 신을 사랑하고 그의 온 가슴을 그에게 바친다는 의미라는 것을 완전히 이해했다.

이런 정신에서 분노는 신에게 향해질 수 있다.

"오, 신이시여, 왜 당신은 저에게 당신 자신을 드러내려 하지 않으십니까? 당신은 얼마나 잔인하신지! 저는 무력합니다. 저의 가슴은 메말라 있습니다. 왜 저에게 당신의 은총을 드러내지 않고 저에게 당신을 향한 한결같은 사랑을 주지 않으십니까?"

혹은 분노는 우리가 헌신을 얻는 것을 방해하는, 우리 길에서의 장애물로 향해질 수 있다. 그러면 분노는 멈출 것이고 초연함이 가슴 속에 생겨날 것이다.

당신이 신의 아이이고, 당신이 그의 하인이라고 생각하면서 자만해지는 것은 점차 당신이 신을 의식하게 만들고, 결국 이 자만심은 없어지고, 당신의 자아는 신에게로 합쳐질 것이다.

이와 같이 열정들이 신에게로 향해질 때, 그것은 신에 대한 사랑을 얻는 것에 도움이 된다.

66

사랑의 세 유형들[33] 너머에
다른 유형의 사랑이 있다.
영원한 하인으로서, 영원한 연인으로서 신을 사랑하는 것이다.

사람이 지고한 사랑의 성취를 준비할 수 있는 세 가지 유형들의 사랑이 있다. 그것들은 다음과 같이 분류된다.
(1) 괴롭거나 사는 것이 시들하다고 느끼기 때문에 그는 신을 사랑할 수 있다.
(2) 세상적인 욕망들을 이루지 못했기에 그것들을 성취하기 위해 그는 신을 사랑할 수 있다.
(3) 삶을 이해하려고 신을 사랑할 수 있다.
그러나 지고한 사랑은 이 세 가지들 너머에 있다. 그것은 영적 분별력을 가진 후에만 얻어질 수 있다. 그의 가슴의 단 하나의 영원한 보물이 신이라는 것을 알고, 그리고 신에 대한 사랑 이외의 모든 것이 헛되다는 것을 깨달으면, 그는 이렇게 신을 사랑하게 된다. (수트라 1 참조.)
또 다른 측면에서 이 세 가지 형태들은 다음과 같이 분류될 수 있

---

33 [옮긴이 주] 가우니, 2차적, 삿트바, 라자스와 타마스의 범주들

다. (1) 삿트바적인 사랑, (2) 라자스적인 사랑, (3) 타마스적인 사랑.

지고한 사랑을 얻기 위해서는 삿트바, 라자스, 타마스, 이 세 가지 구나들을 초월해야 한다. (수트라 56 참조.)

슈리 크리슈나는 바가바드 기타에서 사람이 구나들을 초월함으로써 어떻게 신과의 하나됨에 이를 수 있는지를 묘사한다.

언어는 이 지고하고, 초월적이고, 황홀한 사랑을 표현하기에 불충분하다. 그럼에도 불구하고, 모든 나라에서 모든 종교인들은 그 신성한 사랑을 표현하기 위해 우리의 불충분한 인간의 언어를 사용해야만 했다.

사실, 현자들은 이 표현할 수 없는 이 신성한 사랑을 표현하기 위해 은유를 사용했다.

우리는 그들이 신에 대한 그들의 사랑을 묘사하기 위해 인간의 사랑과 관련된 모든 용어들을 여러 형태로 사용하는 것을 발견한다. 신을 사랑하는 사람들은 다양한 인간의 사랑 형태들이 있는 것만큼이나 많은 다양한 방식으로 이 신성한 사랑을 경험하려고 노력한다.

신에 대한 우리의 관계에는 다섯 가지 유형의 사랑이 있다.

첫 번째 유형은 샨타 즉 평화롭다고 알려져 있다. 그 사랑의 불, 사랑의 광기, 신을 향한 그 강렬함과 갈망은 아직 없다. 헌신자는 여전히 경외심을 가지고 신을 전능한 존재로 본다. 그의 태도는 차분하고, 온화하고, 평화롭다. 이것은 단지 시작이다.

두 번째 사랑의 유형은 다스야 혹은 다스이다. 여기에서 헌신자는 자신을 신의 하인, 그의 아이라고 여긴다.

기독교에서, 우리는 대다수의 헌신자들에 의해 이 관계가 실행되는 것을 발견한다. 그것은 신의 부성과 사람의 형제애의 이상이다.

나라다에 따르면, 이 관계는 신이 더 이상 전능하다고 생각되지 않을 때까지 우리를 그와 친밀한 정도로 점점 신에게 더 가까이 데리고 가고, 우리는 더 이상 그의 위대함과 그의 영광을 생각하지 않는다. 우리는 그를 심지어 우리 자신의 아버지보다 더 사랑스럽고 다정하다고 생각하게 된다.

슈리 차이탄야의 이 기도에서 신은 "다정한 이"라고 언급된다.

"이 세상의 무시무시한 바다에 빠져있는 자는 당신의 하인입니다.
오, 다정한 분이시여,
당신의 자비로 그를 당신 발아래 먼지라고 여기소서.

세 번째 사랑의 유형은 사키야, 즉 우정이다. "당신은 우리의 사랑하는 친구이다."

브린다반의 양치기 소년들이 이 관계의 예이다. 크리슈나는 그들의 사랑하는 친구이다. 그들은 그와 함께 놀고 그와 함께 춤춘다.

사람은 그의 친구에게 자신의 가슴을 열고, 그의 잘못 때문에 그를 꾸짖지 않고 언제나 그를 돕기를 원할 것이다. 친구들은 동등하고, 따라서 동등한 사랑이 헌신자와 그의 친구인 신 사이를 들어가고 나온다.

신은 우리 가슴의 가장 내면의 비밀을 드러낼 수 있는 자들에게 친구가 된다. 그는 우리의 영원한 놀이 친구로 여겨진다.

성 요한의 복음서에는 이렇게 적혀있다.

"만약 내가 너에게 명하는 무엇이든 네가 한다면, 너는 나의 친구이다, 지금부터 나는 너를 하인이라 부르지 않을 것이다. 왜냐하면 하인은 그의 주인이 하는 것을 알지 못하기 때문이다. 하지만 내가 나의 아버지에 대해 들은 모든 것을 네가 알게 했기에, 나는 너를 친구라 불렀다."

슈리 라마크리슈나는 신비한 비전에서, 나의 스승 마하라지가 만개한 연꽃 위에서 슈리 크리슈나와 함께 춤을 추는 양치기 소년이었다는 것을 보았다.

마하라지 자신은 그의 삶의 마지막 순간까지 이것을 알지 못했다. 그는 죽기 직전에, 신비한 비전에서 그것에 대해 알게 되었고 이렇게 외쳤다.

"아, 브람만의 희열의 바다여! 옴! 지고의 브람만에게 경배를! 옴! 지고의 아트만에게 경배를!"

이 신성한 경험을 말하면서, 그의 목은 메말라갔다. 한 제자가 그에게 "마하라지, 이 물을 좀 마시세요…"라고 말하며 마실 것을 주었다.

"마음은 브람만으로부터 내려오기를 원하지 않는다." 마하라지가 천천히 말했다. "브람만에게 브람만을 부어라." 그리고 어린아이처럼 그는 물을 그 안에 부어달라고 입을 벌렸다.

그런 다음 그는 형제-제자 스와미 사라다난다를 향하며 말했다. "슈리 라마크리슈나는 진짜이다. 그의 신성한 화신은 진짜이다."

이 말을 한 후에 마하라지는 잠시 조용히 있었다. 그는 명상 안으로 깊이 빠져들었고, 그의 얼굴은 아주 다정한 표정을 짓고 있었다. 그 자리에 있던 사람들의 마음은 아주 고양되어 그들은 아무 슬픔도 느끼지 않았다. 오직 기쁨과 조용한 고요함만이 있었다. 세상과 죽음의 모든 감각은 사라졌다.

갑자기, 침묵 속에서, 마하라지의 목소리가 들렸다.

"아, 그 표현할 수 없는 빛! 라마크리슈나, 나의 라마크리슈나의 크리슈나... 나는 양치기 소년이다.

내 발에 발찌를 채워라. 나는 나의 크리슈나와 함께 춤을 추고 싶다. 나는 그의 손을 잡고 싶다. 나의 어린 소년 크리슈나.. 아, 크리슈나, 나의 크리슈나, 당신이 왔다! 크리슈나, 크리슈나... 너는 그가 보이지 않느냐? 너는 보는 눈이 없느냐? 오, 얼마나 아름다운지! 나의 크리슈나, 연꽃 위에 있는, 영원하고 - 다정한 이!

"나의 놀이는 이제 끝났다. 보라! 소년 크리슈나가 나를 어루만지고 있다. 그가 자기와 함께 가자고 나를 부르고 있다. 나는 갈 것이다."

이렇게 마하라지에게, 크리슈나는 영원한 동반자이며 친구였다.

네 번째 사랑의 유형은 헌신자가 신을 그의 아이로서 사랑하는 바트살야이다. 신의 아버지나 어머니의 태도를 취함으로써, 우리는 그의 힘에 대한 자각과 경외, 숭배, 복종의 감정을 잃고, 그것은 우리로 하여금 그로부터 거리를 두게 한다.

신을 사랑하는 자는 그를 전능하고 영광스러운 우주의 신 등으로 생각하는 것에 주의하지 않는다. 그는 오직 신이 다정한 자이기 때문에 사랑하고 싶어 한다. 그는 그에게 아무런 호의를 구하지 않는다.

물론, 이 관계는 우리가 힌두교도와 기독교도들에게서 찾을 수 있는 믿음인, 아바타를 믿는 사람들에게만 가능하다.

많은 힌두교도들은 크리슈나를 고팔라라고 알려진 아기로서 사랑한다. 그리고 기독교도들은 그리스도를 아기 예수로서 사랑하기로 선택할 수 있다.

슈리마드 바가바탐은 아기 크리슈나와 그의 양어머니 야소다와의 관계를 묘사한다.

"어느 날 크리슈나가 아직 어린 아기였을 때, 어떤 소년들이 그가 진흙을 먹고 있는 것을 보았다. 그의 양어머니인 야소다가 그것을 알았을 때, 그녀는 아기에게 입을 벌리라고 말했다. 크리슈나는 그의 작은 입을 벌렸는데, 놀라지 말라!

야소다는 아기 크리슈나의 입안에서 온 우주 즉 땅과 하늘, 별, 행성, 태양과 달, 그리고 수많은 존재들을 보았다. 야소다는 '이것은 꿈일까 아니면 환각일까?' 하고 생각하면서 잠시 동안 어리둥절했다. 아니면 그것은 신 그 자신인 나의 어린 아기의 진정한 비전인가? 곧 그녀는 마음을 가라앉히고 사랑의 신에게 기도했다.

"'우리를 이 마야의 세계로 데리고 온 당신, 내가 난다의 여왕, 크리슈나의 어머니인 야소다라는 이 감각과 의식을 나에게 준 당신, 우리에게 언제나 당신의 축복을 내려주소서.'

"아기를 봤을 때, 그녀는 그가 웃고 있는 것을 보았다. 그러자 그녀는 그를 가슴에 꼭 껴안고 그에게 입 맞추었다. 야소다는 그를, 바로 베단타에서 브람만으로, 요가에서는 우주적 나로, 헌신자들에 의해서는 사랑의 신으로 숭배 받았으며 숭배 받고 있는 그를, 그녀의 어린 아기 크리슈나로 보았다. 그리고 그녀는 그를 볼 때마다 가슴 속에서 말할 수 없는 기쁨과 행복을 발견했다."

인도에서는 여러 시대를 거쳐 많은 여성들이 자신을 크리슈나의 어머니로 생각해왔다. 현대의 중요한 사례는 "고팔러 마"로 유명해진, 슈리 라마크리슈나의 여제자였다.

스와미지의 제자로 고팔러 마와 친하게 지냈고, 고팔라로서의 신에 대한 그녀의 비전 이야기를 바꾸어 이야기했던 니베디타 수도사(마가렛 노블)는 이렇게 적는다.

"고팔의 어머니는 나이가 많았다. 닥쉬네스와르 정원에 있는 스승을 보기 위해 어느 날 정오 갠지스 옆 카마르하티의 그녀의 암자에서 처음으로 건너왔을 때인 15년이나 20년 전에도 그녀는 이미 나이가 많았다.

사람들이 말하기를, 그는 마치 그녀를 기다리고 있기라도 한 것처럼 문에 서서 그녀를 맞이했다. 그리고 수년 동안 아기 크리슈나, 힌두교의 그리스도-아기, 고팔라가 선택된 숭배였던 그녀는, 그녀가 가까이 다가섰을 때 비전에서처럼 그가 그녀에게 나타난 것을 보았다. 그녀는 이것에 대해 항상 얼마나 진실했던가!

그 이후로 오랫동안 그녀는 그전까지 자신을 어머니로 여겼던 슈리 라마크리슈나에게 한 번도 인사를 건네지 않았다. 그리고 그녀가 '나의 며느리' 외에는 우리의 거룩한 어머니에 대해 말하는 것을 본 적이 없다.

다섯 번째 사랑의 유형은 칸타 즉 연인이라고 또는 마두라 즉 달콤한 혹은 사랑스러운 이라고 알려져 있다. 신은 사랑받는 자이다. 이것은 이 세상에서 최고의 사랑 표현을 바탕으로 하고 있다. 이것은 가장 강한 사랑의 유대이다.

신성한 사랑에 대한 이 달콤한 표현에서 신은 우리의 남편이다. 우리는 모두 여자이다. 오직 한 명의 남자가 있는데, 그가 우리의 연인, 그이다.

성녀 미라바이의 이야기가 있다. 그녀는 크리슈나를 자신의 남편으로서 사랑했다. 그녀는 여왕이었고, 라즈푸트 왕과 결혼했지만, 자신의 남편과 왕국을 버리고 브린다반으로 갔다. 그때 슈리 차이탄야의 제자인 또 다른 성자가 브린다반에 살고 있었다.

미라바이는 거룩한 사람을 방문하기를 원했다. 하지만 성자는 어떤 여인도 만나고 싶지 않다고 말하면서 처음에는 거절했다. 그 대답에, 미라바이는 그녀가 사랑하는 이, 슈리 크리슈나 말고는 브린다반에 남자가 산다는 것을 알지 못했다고 말하며 쏘아붙였다. 이 말을 듣고, 거룩한 남자는 이 위대한 성자 미라바이를 만나기 위해 달려왔다.

크리슈나에 대한 양치기인 고피들의 사랑은 이 다정한 관계에 대해 잘 알려진 예이다. (수트라 21, 22 참조.) 그들에 대해 말하면서, 스와미지는 말한다.

"사랑의 광기가 당신의 머리로 들어올 때, 당신이 축복받은 고피들을 이해할 때, 당신은 사랑이 무엇인지를 이해할 것이다. 온 세상이 사라질 때, 다른 모든 고려사항들이 없어질 때, 당신이 진리에 대한 탐구조차도 없이, 다른 목적이 없는 순수한 가슴이 될 때, 오직 그때만 그 사랑의 광기, 고피들이 가졌던 그 무한한 사랑의 힘과 능력, 사랑을 위한 그 사랑이 당신에게 올 것이다. 그것이 목표이다. 그것을 얻으면 당신은 모든 것을 얻은 것이다."

이것과 관련해서 성적 충동의 만족에서 생기는 쾌락이 감각 세계에서 최고의 경험으로 간주되기는 하지만, 그것은 단지 사소한 것이고 일시적이라는 것을 우리는 기억해야 한다.

슈리 라마크리슈나는 신을 연인으로서 사랑하는 것에서 나오는 희열은 너무나 강렬해서 몸의 모든 구멍들을 통해 경험되는 성적 쾌락과 같고 이 희열은 영원하고 무한하다고 우리에게 말한다.

순수성의 화신이었던 슈리 라마크리슈나는 이 다정한 관계를 경험했고, 그것에 대해 생각하거나 그것을 언급할 때마다 그는 즉시 사마디의 희열에 빠지곤 했다.

슈리 라마크리슈나의 복음서를 인용하자면, "'나는 황달에 걸린 눈을 가진 사람처럼 모든 것을 봅니다! 나는 어디에서나 당신만을 봅니다. 오, 크리슈나, 낮은 자들의 친구여! 오 내 영혼의 영원한 동반자! 오, 고빈다시여!'

"그가 '내 영혼의 영원한 동반자'와 '고빈다'라는 단어를 내뱉었을 때, 스승은 사마디에 빠지게 되었다."

세상의 여러 위대한 신비주의자들은 사랑받는 이와의 하나됨을 경험했다.

플로티노스는 말한다.

"내가 종종 육체의 잠에서 깨어나 나 자신의 자각적인 감각으로 돌아올 때, 나는 외부 세상으로부터 물러나 내적 묵상에 나 자신을 맡긴다. 그러면 나는 굉장한 아름다움을 본다. 나는 실제로 더 높고 더 나은 상에 속해 있다고 믿고 있고, 여전히 내 안에서 영광스러운 삶을 발전시키며 신성과 하나가 된다.

그리고 이 방법들에 의해, 나는 심지어 이해할 수 있는 세상의 다른 모든 것까지도 넘어서는 그런 생명 에너지를 받는다. 그렇다면 이제 장소와 시간에 대한 모든 속박으로부터 자유로워져서 물리적 형태가 없이, 그 자체로 아주 순수하게, 절대적인 아름다움을 보는 그가 경험해야 하는 것은 무엇인가!

그러므로 이것은 신들, 신성하고 행복한 사람들의 삶, 세상의 모든 관심사로부터의 해방, 인간의 쾌락이 수반되지 않는 삶이고 홀로 있음이 홀로 있음으로 도피하는 것이다."

"솔로몬의 노래"에서 우리는 신성한 사랑이 "다정한" 관계의 측면에서 묘사되는 것을 볼 수 있다.

"그의 입맞춤으로 그가 내게 키스하게 해 주세요. 당신의 사랑은 포도주보다 더 낫습니다.

당신의 멋진 연고의 풍미로 인해 당신의 이름은 연고처럼 쏟아져 나옵니다. 그리하여 아가씨들이 당신을 사랑합니다."

십자가의 성 요한의 시, "어두운 밤"에서 우리는 사랑하는 자가 어떻게 사랑받는 자에게 오게 되었는지, 그리고 어떻게 신비로운 결혼이 이루어졌는지를 읽게 된다.

"전적으로 그를 위한 그리고
그를 제외한 누구를 위해서도 아닌
꽃으로 덮인 나의 가슴 위 그곳에서
나는 나의 사랑하는 이에게 달콤한 휴식을 주었다.

세례자 요한이 그리스도에 대해 이야기했을 때 마음속으로 똑같은 관계를 생각하고 있었던 것일까?

"신부를 데리고 있는 그는 신랑이다. 하지만 서서 그의 말을 듣는 신랑의 친구는 신랑의 목소리 때문에 크게 기뻐한다. 그러므로 나의 이 기쁨은 성취된다."

이것들은 인간의 용어와 인간의 언어로 표현되는 신성한 사랑의 다양한 양상들이다.

하지만 실제로, 어떤 면에서든 신에 대한 사랑이 가슴속에서 일어날 때, 그 사랑은 압도적이고 너무나 강렬해서 헌신자는 이 세상과 세상의 모든 유대를 잊어버린다.

비베카난다는 말한다.

"우리가 세상에서 보고, 또 그것으로 어느 정도 단지 놀이를 하는 모든 다양한 종류의 사랑은 신을 하나의 목표로 삼고 있다. 하지만 불행하게도 사람은 이 강력한 사랑의 강이 끊임없이 흐르고 있는 무한한 바다를 알지 못하고, 따라서 어리석게도 그는 종종 그것을 인간의 작은 인형들에게로 향하게 하려고 한다.

　인간의 성품 안에 있는 아이를 향한 엄청난 사랑은 아이의 인형에 대한 것이 아니다. 만약 당신이 맹목적이고 독점적으로 아이에게 그것을 준다면, 당신은 결과적으로 고통을 받을 것이다.
　하지만 그런 고통을 통해 당신 안에 있는 그 사랑이, 만약 그것이 어떤 인간에게 주어진다면, 조만간 그 결과로 고통과 슬픔을 가져올 거라는 사실을 당신이 확실히 알게 되는 자각이 생길 것이다.
　그러므로 우리의 사랑은 절대 죽지 않고 절대 변하지 않는 최고의 존재, 밀물도 썰물도 없는 그의 사랑의 바다에 있는 그에게 주어져야 한다.
　사랑은 정확한 목적지에 도착해야 한다, 그것은 실제로 무한한 사랑의 바다인 그에게로 가야 한다. 모든 강들은 바다로 흘러 들어간다. 심지어 산 방향에서 내려오고 있는 물방울조차도 그것이 아무리 크다고 해도 개울이나 강에 도달한 후에는 그 흐름을 멈출 수 없다.
　마침내 그 물방울은 어떻게든 바다로 가는 길을 찾는다. 신은 우리의 모든 열정과 감정의 단 하나의 목표이다."
　무지의 구름의 저자는 진정으로 말했다.

　　"그는 사랑에 의해 얻어지고 사로잡힐 수 있지만
　　생각에 의해서는 그럴 수 없다."

67

**온 마음으로
신을 사랑하는 사람들이 최고이다.**

슈리마드 바가바탐에서, 슈리 크리슈나는 그의 제자 웃다바에게 말한다.

"가슴속에 나를 제외하고는 어떤 갈망도 가지지 않고, 나에게서만 즐거움을 찾고,

자기 통제를 하고 마음이 평온한 자에게, 온 우주는 희열로 가득 차 있다.

나에게 자신을 맡기고 내 안에서 희열을 찾는 헌신자는 브람마의 지위도, 인드라의 지위도, 온 세상에 대한 지배도, 신비한 힘도, 심지어 구원도 바라지 않는다."

이것은 진정 초월적 사랑이다. 성경의 위대한 계명 또한 그것을 묘사한다.

"너는 온 가슴, 온 영혼, 그리고 온 마음을 다해 주인인 너의 신을 사랑해야 한다."

만약 사람이 밤낮으로 모든 생각을 사랑스럽게 그에게로 향하게 하고, 그의 가슴속에 강렬한 갈망으로 그만을 찾으면서, 신과의 이런 관

계들 중 어느 하나를 확고히 하면, 그는 곧 신의 은총을 발견하고 인류에 대한 신의 엄청난 사랑을 깨달을 것이다. 그러면 그는 가장 높은 부류의 헌신자들에 속한다고 생각될 수 있다.

　신은 모두의 가슴 속에 산다. 그러면 그의 헌신자는 누구인가? 그의 온 영혼, 가슴, 마음을 다해 그 안에 살고 있는 자이다.

　그런 헌신자는 그 자신의 가슴에서 신을 보고 그와 자신의 하나됨을 깨달을 뿐 아니라 모두의 가슴속에서 똑같은 신을 보고, 그와 모두의 하나됨을 알고서 모든 인간 안에 있는 신을 섬긴다.

　"당신의 이웃을 자신과 같이 사랑하라," 왜냐하면 당신의 이웃은 당신 자신이기 때문이다.

68

신에 대해 들으면
그들은 목이 메이고, 눈물이 흐르고, 머리카락은 곤두선다.
그들은 그들의 가족들뿐만 아니라
그들이 태어난 지구 또한 정화시킨다.

성 마태의 복음서에서 우리는 읽는다. "내 이름으로 둘 또는 셋이 함께 모인 곳, 그곳에 내가 그들 가운데 있다."

당신이 사랑하는 사람이 누워있는 어두운 방에 들어간다고 생각해 보라. 당신은 벽, 가구, 침대 등을 만지고는 아직 그를 찾지 못했다는 것을 안다.

그러다가 갑자기 그의 발, 팔다리를 만지고, 이것이 그라는 것을 안다. 그는 당신과 함께 이야기하고 당신은 그의 품에 안겨있다. 이것이 당신이 처음으로 신의 비전을 갖는 때이다. 하지만 그것으로는 충분하지 않다.

신과 이야기를 할 때, 당신은 그와 친밀감을 느끼기 시작하고, 거기에서 당신의 가슴속에서는 표현할 수 없는 황홀한 사랑과 희열이 생겨난다.

마침내 당신은 그와의 하나됨을 깨닫는다.

하지만 그때 다시 당신은 그와 함께 있는 것을 영구히 즐기기 위해 그로부터 자신을 분리시킨다. 그리고 당신은 신의 다른 헌신자들과 함께 한다.

슈리 라마크리슈나의 삶에서 우리는 그가 어떻게 어머니 신에 대한 끊임없는 비전 속에서 살았는지를 읽는다.

그렇지만 그는 헌신자들과의 동료애를 갈망했을 것이다. 그는 종종 간청하며 말하곤 했다. "오 어머니, 잠시만요. 당신의 헌신자들과 함께 있게 해 주세요."

나의 스승은 슈리 라마크리슈나가 헌신자들과 대화를 하는 중에, 밤낮으로 여러 번 사마디에 잠기게 된 것을 그가 어떻게 보았는지 나에게 이야기했다.

이 점에서 슈리 라마크리슈나는 독특했다. 그 삶에서 단 한 번이라도 그 최고의 사마디에 잠기게 되는 사람들은 정말 드물다.

바가바드 기타는 헌신자들이 함께 있을 때 그들이 경험하는 기쁨에 대해 말한다.

"마음과 프라나들은 나에게 잠겨 있다.
나만이 그들 담화의 주제이다.
이렇게 그들은 서로 기뻐하며,
희열과 만족으로 살아간다.

그들은 언제나 그들의 지배자인 신을 자각하고,
항상 헌신한다.
그러므로 그들의 생각의 힘에 불이 비추어져
나에게로 인도된다."

슈리 라마는 그의 형제 락슈마나에게 말했다. "내 이름에 울며 춤추

수트라들 211

는 헌신자를 보는 곳마다, 내가 그곳에 나타난다는 것을 알라.”

신의 이름에 울고 춤추는 이것은 헌신자의 가슴에서 생겨나는 황홀한 기쁨으로 인한 것이다.

슈리 차이탄야는 기도에서 그것을 묘사한다.

> “아, 당신의 이름을 챈트할 때,
> 눈에서 눈물이 흘러내리고,
> 황홀함으로 숨이 막히고 더듬거리면서
> 내 목구멍이 그것의 기도를 말하기를 거부하며,
> 내 몸의 모든 털이 기쁨으로 곤두설,
> 그 날을 내가 얼마나 간절히 바라는가!”

수타삼히타에는 이렇게 적혀있다. “온 가족이 정화되고, 어머니는 축복을 받게 되고, 존재-지식-희열의 무한한 바다에 그 가슴과 마음이 흡수된 헌신자에 의해 땅은 순수하게 된다.”

위대한 헌신자일수록 그의 영적 영향력의 영역은 더 넓어진다. 마하라지는 그가 가는 곳마다 그의 주위에 영성의 영역을 만들었다. 그의 가까이로 오는 자마다 정화되고 변화되었다.

그가 있는 곳마다, 그의 주위에 있는 사람들은 그들이 끝없는 기쁨의 축제에 참여하고 있다고 느낄 것이다. 그런 위대한 신비주의자들이 세상의 빛이다.

슈리 크리슈나는 슈리마드 바가바탐에서 그의 제자 웃다바에게 말한다.

“나를 사랑하는 자는 순수해진다. 그의 가슴은 기쁨으로 녹는다. 그는 자신의 더 높은 감정을 일깨움으로써 초월적 의식으로 올라간다. 기쁨의 눈물이 그의 눈에서 흘러내린다. 그의 머리카락은 곤두선다. 그의 가슴은 사랑으로 녹아내린다.

　그 상태에서의 희열은 너무 강렬해서 그 자신과 주변에 대해 잊어버리고 때때로 심하게 울거나 웃거나 노래 부르거나 춤을 춘다. 그런 헌신자는 온 우주에 대한 정화의 영향력이다."

69

그들이 머문 장소는 신성해진다.
그들이 한 무엇이나 신성해진다.
그들이 애독한 경전들을 더욱 신성해진다[34].

모든 나라에서 위대한 영혼들의 탄생지는 순례 장소로 여겨진다. 수 세기 동안 많은 영적 수행자들은 그런 장소에 살면서 수련들을 하고 깨달음을 얻었다.

그러다가 나중에 다른 깨달은 영혼들이 이 장소들을 방문하고, 사마디에 들어가서 신에 대한 황홀한 경험을 얻고, 그로 인해 훨씬 더 강렬한 영적 분위기를 만들어 그 장소들을 한층 신성하게 만든다.

최근에 어떻게 이런 일이 일어났는지에 대한 예를 몇 가지 들어보겠다.

남인도의 마두라에는 신성한 어머니에게 바쳐진 유명한 사원이 있다. 나의 스승, 마하라지가 그 안으로 들어가서 신 앞에 서서 부르짖었다.

"어머니! 어머니!" 그리고 외적인 의식을 잃었다. 그와 함께 있던 스와미 라마크리슈나난다가 그의 상태를 보고 넘어지지 않도록 팔을

---

34 [옮긴이 주] 권위가 있어진다. 성스러운 영혼의 영이 그것들에 스며들기 때문이다.

붙잡았다.

마하라지가 황홀함으로 의식이 없이 서 있는 것을 보고, 그 자리에 있던 사제들과 헌신자들은 조용히 그를 바라보았다.

순례자들이 모인 사원에 강렬한 정적이 퍼졌다. 그것은 한 시간 이상이나 지속되었다. 마하라지가 일상의 의식을 되찾았을 때, 그는 조용히 그곳을 떠났다. 나중에 그는 신성한 어머니의 빛나는 모습에 대한 그의 비전을 설명했다.

신 쉬바에게 바쳐진 라메스와르의 사원에서 마하라지는 사마디에 들었다. 심지어 일상의 의식으로 돌아온 후에도, 그는 한동안 황홀한 기쁨의 상태로 있었다.

그는 다른 거룩한 장소들에서 여러 번 그런 황홀한 경험을 했다.

슈리 라마크리슈나의 제자 스와미 사라다난다는 로마에 있는 성 베드로의 교회를 방문했다.

교회에 들어갔을 때, 그는 사마디에 들어갔다. 후에 그는 성 베드로의 교회가 원래 나무 틀 건물로 지어졌다고 말했다. 그는 그것을 그의 비전에서 보았다.

슈리 라마크리슈나의 또 다른 제자인 스와미 비갸나난다는 언젠가 그의 영적 경험들 중 하나에 대해 나에게 말해주었다. 나는 그때 그의 말을 기록했다.

"나는 사르나트를 방문하러 갔다. 사르나트는 베나레스 근처에 있다. 그곳은 붓다가 깨달음을 얻은 후에 첫 설교를 했던 장소이다.

나는 갑자기 육체의 의식을 모두 잃었다. 나의 마음은 거의 사라진 것처럼 보였다. 나는 평화, 기쁨, 의식으로 생기가 넘치는 빛의 바다에 둘러싸여 있었다.

나는 마치 붓다 안에 살고 있는 것처럼 느꼈다. 내가 얼마나 오래 그 상태에 있었는지는 기억하지 못한다. 안내인은 내가 잠들었다고 생각했다. 시간이 늦어지자 그는 나를 깨우려고 했다. 그는 나를 일상의 의식으로 되돌려놓았다.

"후에 베나레스에 있는 비스와나트(신 쉬바)사원을 방문했을 때 나는 속으로 생각했다.

'왜 내가 여기에 왔지? 석상을 보기 위해서?' 다시 똑같은 비전이다! 마치 비스와나트가 나에게 말하고 있는 듯하였다.

'빛은 이곳이나 저곳이나 똑같다. 진리는 하나이다.'라고.

비록 그것이 내가 방금 언급한 그런 더 높은 황홀한 경험들에 비해 그리 중요하지는 않다고 해도, 어쩌면 브린다반 방문 동안 내가 한 번 느꼈던 경험을 들려주는 것이 약간은 흥미로울 수 있다.

라리타 수도사라고 알려져 있는 미국인 제자와 나는 기차로 브린다반에 갔다. 브린다반 이전 역에 도착했을 때, 거룩한 만트라가 내 가슴과 입술을 사로잡았다.

나도 모르게 삼일 낮과 삼일 밤 동안 즉 우리가 브린다반에 있는 내내 계속해서 그것을 챈트했다.

나는 한숨도 잘 수가 없었다. 만트라를 말할 때 전에는 경험하지 못했던 그런 달콤함과 기쁨을 경험했다.

그런 다음 돌아오는 여행에서, 내가 챈트를 시작했던 역에 우리가 도착했을 때, 그것이 나에게 온 것만큼이나 갑작스럽게 그 거룩한 이름은 나를 떠나갔다.

영적 물살은 순례의 장소로 흘러들어온다고 나의 스승은 말하곤 했다. 만약 수행자가 조금 노력한다면, 그는 쉽게 깨달음에 이를 수 있다.

거룩한 사람들이 살고 있는 곳, 영적 수행자들이 신에 대해 생각하고 그의 사랑과 그의 비전을 갈망하는 곳에 거룩함이 있다.

만약 사람이 거룩한 생각을 하고 선하고 순수한 삶을 산다면, 그는 자신에게 좋은 일을 할 뿐만 아니라 다른 사람들이 선하고 거룩하게 되도록 돕는다. 거룩함은 전염된다.

그들이 하는 행위들은 선한 행동의 본보기들이 된다.

깨달은 영혼들은 모든 면에서 따라야 하는 본보기들이다. 우리는 그들의 모든 행동들을 모방하려고 노력해야 한다. 그들은 정의의 길잡이이다.

어떤 사람들은 우리가 아직 그들과 같은 성자들이 아니기 때문에 그들을 따르고 그들의 행동을 모방할 수 없다고 생각할 수도 있다.

이것은 우화에 있는 소년과도 같다. 그는 파도가 진정되고 바다가 잔잔해질 때까지 목욕하기를 기다리면서 바다 옆에 서 있었다.

아니다. 비록 우리가 천천히 간다고 해도 우리는 그들을 따라가려는 시도를 해야 한다.

여러 번 넘어질 수도 있지만, 우리는 계속해서 일어서서 이 위대한 이들의 발자국을 따라가려고 애써야 한다.

그들은 경전들에 영적인 권위를 부여한다.

경전들은 신에 대한 지식에 의해 깨달음을 얻은 영혼들의 경험들과 가르침들의 기록이다.

깨달은 영혼들의 발자국을 따라가는 다른 사람들이 깨달음을 얻을 때만 그것들은 권위를 가지게 된다.

70

왜냐하면
그들은 신의 영으로 차있기 때문이다.

그들의 마음과 의지는 신의 마음과 의지와 동일하게 되었다. 그들은 마야에 대한 속박, 무지에 대한 속박을 만들어내는 자아 감각으로부터 완전히 자유로워졌다.

71

그들 조상들이 기뻐하고[35],
하늘에 있는 신성한 존재들이 즐거워서 춤을 추고,
어머니 대지는 기쁨에 젖는다[36].

우리는 이 거룩한 사람들이 온 인류에게 얼마나 큰 축복인지를 보았다.

그들은 그들 가족의 과거, 현재, 미래 세대를 신성하게 한다. 그들은 자신들이 태어난 인종과 나라, 그리고 온 세계를 신성하게 한다.

슈리마드 바가바탐에는 이런 말이 있다.

"나무뿌리에 물을 줌으로써
가지와 잎을 가진 전체 나무가 영양을 얻는 것처럼,
신을 기쁘게 함으로써 모든 존재들이 기뻐한다."

어떻게 사람이 신을 기쁘게 할 수 있는가? 그를 사랑하라, 그를 사랑하라, 그를 사랑하라.

---

35 [옮긴이 주] 영적 진동의 영향으로 그들의 영들이 향상되기에
36 [옮긴이 주] 세상의 사람들을 구할 사람이 여기에 왔기 때문이다. 이 땅이 신성하게 된다.

72

그들의 시선에는
계층, 문화, 아름다움, 가정, 부,
직업 등을 바탕으로 한 구분들이 없다[37].

---

[37] [옮긴이 주] 그들은 이것들 너머로 갔다. 강들이 바다에 이를 때 자신들의 이름들과 형상들을 잃는다.

73

왜냐하면
그들은 그것들 너머로 갔기 때문이다.

슈리 라마크리슈나는 이 시대에, 신의 헌신자들 사이에는 카스트나 다른 구분이 없다는 진리를 강조한다. 실제로 그들은 그들 자신의 카스트에 속한다.

신의 헌신자들의 육체, 마음, 감각들은 똑같이 정화된다. 그것들 사이에 어떤 차이가 있을 수 있는가?

붓다가 브람민으로부터 수도승들의 카스트에 대한 질문을 받았을 때, 그는 대답했다.

"당신은 수도승들의 카스트에 대해 묻지만 그들의 자질에 대해서는 묻지 않는다. 이것은 진정 카스트 자만심에서 생겨난 망상이다. 영적 성취는 수행자의 정신적 자질에만 의존하고, 카스트 등과는 아무 관련이 없다."

74

쓸데없는 논쟁과
토론들을 해서는 안 된다[38].

---

38 [옮긴이 주] 신이나, 진리나, 헌신자에 대해서. 이성이 아니라 직관적인 마음의 지평을 넓혀야 또는 마음을 정화시키기 위하여 만트라를 하거나, 신성한 아트만을 기억해야. 브람마 수트라에 의하면 "진리는 논쟁들로 지켜지는 것이 아니다."

75

왜냐하면 끝없는 다양한 견해들이 있으며[39],
또 결코 결론에 이르지 못하기 때문이다.

논쟁에 의해서는 어디에도 이르지 못한다. 신을 알고자 하고, 신을 사랑하기를 간절히 바라는 진정한 영적 수행자들은 헛된 논쟁에 신경 쓰지 않는다.

논쟁은 신이 존재한다는 사실을 결정적으로 확고히 할 수 없다. 모든 나라의 신학자들과 철학자들은 자신들이 신의 존재를 증명할 수 있다고 믿었다. 하지만 신이 존재하지 않는다는 것을 스스로 만족스럽게 증명할 논쟁을 발견한 사람들도 많다.

신이 존재한다는 유일한 증거는 사람이 그를 경험할 수 있다는 것이다.

당신이 다른 사람에게 신의 존재를 확신시키려고 아무리 노력해도, 그는 완전히 만족할 수 없다.

신을 알고 경험하려는 열망이 생겨나야 하고, 이 열망은 세상의 삶의 허황됨을 본 사람들의 가슴속에서 생겨난다.

---

39 [옮긴이 주] 특히 초월적인 주제들에서는 그렇다.

카타 우파니샤드에서는 말한다.

"나(신)는 경전들의 연구를 통해서도, 지성의 미묘함을 통해서도, 많은 배움을 통해서도 알 수 없다. 하지만 그를 갈망하는 자는 그를 알 수 있다. 나(신)는 바로 그런 사람에게 그의 진정한 성품을 드러낸다.

사람이 악을 그만두지 않고, 그의 감각들을 통제하지 않고, 그의 마음을 가라앉히지 않고, 명상을 수련하지 않는다면 그를 알 수 없다. 배움으로는 그를 알 수 없다.

일어나라! 깨어나라! 스승의 발 앞에 다가가서 그것을 알라. 길은 날카로운 면도날 같다고 현자들은 말한다. 그것은 좁고, 걷기에 힘들다."

똑같은 우파니샤드에서 스승은 그의 제자 나치케타에게 말한다.

"네가 알았던 깨달음은 지성을 통해 오는 것이 아니라 오히려 전적으로 현명한 자들의 입술로부터 나온다. 사랑하는 나치케타, 너는 영원한 것을 찾기 때문에 축복받고 축복받았다."

만약 당신이 열린 가슴과 겸손함으로 신의 사람에게 다가간다면, 당신을 납득시키기 위한 논쟁은 필요하지 않다.

만약 당신이 그의 앞에 앉는다면, 당신은 더 이상 신이 있다는 것을 의심하지 않는다. 그의 앞에서 당신은 신이 존재한다는 것뿐만 아니라 당신이 그를 얻는 것이 가능하다는 것을 느낀다.

우리의 스승에게 다가갔던 그런 우리들이 이 진리를 증명할 것이다.

76

경전들[40]을 공부하고, 명상하고,
가르침들에 따라 살고 행동해야 한다.

경전들의 공부는 초보자들에게 꼭 필요하다. 규칙적으로 공부하라. 그러고 나서 가르침에 대해 명상을 함으로써 이해하려고 노력하라.

그런 다음 그에 따라 살고 행동하라. 이렇게 해서 신에 대한 그 헌신은 강렬해진다.

한번은 내가 위대한 학자이자 브람만을 아는 자인, 슈리 라마크리슈나의 한 제자 스와미 투리야난다에게 가서 바가바드 기타에 대한 가르침을 나에게 달라고 그에게 요청했다.

그는 동의했다. 다음날 그에게 오라고 나에게 말했다. 그는 나에게 말했다. "나는 당신에게 처음이자 마지막인 한 가지 교훈을 줄 것이다."

그런 다음 그는 계속했다. "기타의 산스크리트는 이해하기에 쉽다.

---

40 [옮긴이 주] 라마의 형상 안에 있는 지고한 아트만의 영광을 다루고 있는 라마야나, 바가바드 기타, 크리슈나의 형상 안에 있는 지고한 아트만의 영광을 다루고 있는 슈리마드 바가바드 푸라나, 챠이탄야의 삶, 가슴에 사랑을 일으키게 하는 여러 경전들, 예를 들면 바이블이나 불교의 경전들.

시를 읽고, 그것의 의미에 대해 명상하라. 다음 시로 넘어가기 전에 며칠 동안 그것이 가르치는 대로 살아라."

나는 이제 이것이 며칠의 문제가 아니다. 만약 당신이 기타의 하나의 시를 택해서 그것이 가르치는 대로 산다면, 당신은 분명히 신의 지식 안에서 깨달음을 얻을 수 있다는 것을 이해하게 되었다.

스와미 비베카난다는 세상의 모든 경전들이 사라지고 그리스도의 한 문장이 남는다면, 종교는 여전히 세상에 살아남을 것이라고 진정으로 말했다.

그 문장은 이렇다. "마음이 깨끗한 사람은 행복하다. 그들은 신을 볼 것이다."

77

이원들로부터 풀려나는 데는 많은 시간이 든다.
한순간도 낭비하지 말라.

만약 당신이 갈망과, 상반되는 것들의 쌍으로부터 자유롭게 될 때까지 신을 숭배하거나 그에 대해 명상하기를 기다린다면, 그런 기회는 절대 일어나지 않을 것이다. 갈망의 파도들은 당신의 가슴에서 계속해서 생겨날 것이지만, 당신은 삶의 매 순간 그것들을 진정시키고 신에 대해 생각하며 그에게 기도하도록 노력해야 한다.

만약 당신이 단지 이 수련에서 항상 평화나 행복을 찾지 못한다는 이유로 자파나 명상의 수련을 포기한다면, 당신은 결코 영적 삶에서 성장할 수 없다.

그의 이름을 챈트하고 그의 존재를 느끼면서 온 마음으로 신에 대한 묵상을 하도록 노력하라. 당신의 마음은 점점 평온해질 것이고, 당신은 결국 신과 그의 사랑에 흡수될 것이다.

바가바드 기타에서 우리는 읽는다. "이성을 확고하게 통제하여 점차적으로 고요를 얻어야 한다. 마음이 아트만에 잠기면 어떤 생각도 일어나는 것을 허용하지 말라.

항상 움직이며, 불안정한 마음이 다른 곳으로 갈 때마다 그것을 자

제시켜 아트만에게로 데려와야 한다.

　스와미 비베카난다는 말한다.

　"마음에게 항상 신을 생각하라고 강요하는 것은 처음에는 아주 어렵지만, 매번 새로운 노력으로, 그렇게 하는 힘은 아주 커진다."

　영적 삶에서, 우리가 계속 노력한다면 실패는 있을 수 없다고 나의 스승은 말하곤 했다.

78

사랑의 사람들은 비폭력, 진실, 청결, 연민,
신에 대한 믿음 같은 덕목들을 끊임없이 길러 지녀야 한다.

비폭력은 어떤 생명체에게도 말로, 생각으로, 또는 행동으로 다치게 하지 않는 것이다. 이것은 또한 긍정적 의미에서 모든 존재들을 사랑하는 법을 배우는 것을 의미한다. 모든 존재들을 사랑하는 것은 우리가 우리 자신 안에서 신의 존재를 느끼고 모두에게서 그 똑같은 존재를 느끼는 것을 배울 때 가능해진다.

진실은 다른 사람에게 어떤 고통도 주지 않고 말하는 것, 진실한 것, 항상 친절하고 유익한 것을 말하는 것이다. 슈리 라마크리슈나는 이 덕목의 중요성을 주장하곤 했다. "진실한 것은 이 시대의 고행이다." 라고 그는 말했다. 하지만, 동시에 우리는 말하는 것을 조심해야 하고 부적절하고 불필요한 솔직함으로 다른 사람들에게 고통을 주는 것을 피해야 한다.

외적인 청결은 육체의 청결함이다. 이것은 중요하다. "청결함은 독실함godliness 다음이다."라는 말이 있다. 그리고 그것은 수련하기에 쉽다. 하지만 육체적 청결은 또한 스승과 현자seer들에 대한 존경의 태도, 정직, 성적 순결을 의미하기도 한다.

마음의 청결은 훨씬 더 중요하다. 헌신자는 신에 대해 생각하고 그의 이름을 챈트할 때 그가 신의 존재에 몸을 담금으로써 정화되고 있다는 것을 느껴야 한다. 이 마음의 청결을 유지하기 위해서는 규칙적인 수련이 필요하다. 마음의 청결은 또한 고요함, 다른 사람들에 대한 연민, 신에 대한 명상, 그리고 동기의 진실성에 대한 수련을 의미한다. 샹카라는 마음의 청결은 사람이 감각대상들 사이에서 움직일 때, 그것들에 대한 집착과 혐오로부터의 자유라고 선언한다.

연민은 "그들이 당신에게 해 주기를 바라는 대로 다른 사람들에게 행하라."는 것이다. 나의 스승은 나에게 이 진리를 가르쳤다. "명상하라, 명상하라, 명상하라. 그런 다음 자신 안에서 신의 희열을 맛볼 때, 당신의 가슴은 다른 사람들에 대한 동정심과 연민으로 녹이내릴 것이다. 그들 각자의 안에는 희열의 광산이 있기 때문에 당신은 그들이 고통 받는다는 것이 얼마나 불필요한지를 느낄 것이다."

믿음은 경전의 말과 구루의 말에 대한 믿음이다. 동시에 그는 자신에 대한 믿음이 필요하다. 그는 말해야 한다. "다른 사람들은 신을 보았다. 나 또한 그를 얻을 수 있다."

그리고 다른 덕목들이 있다. 슈리 크리슈나는 기타의 제13장에서 이 덕목들을 설명한다.

"그러므로 나는 그대에게 말한다.
겸손 하라.
허세를 부리지 말라.
해를 가하지 말라.
인내하라.
솔직 하라.

진정한 순종으로 그대의 스승을 섬겨라.
순수하라.
몸과 마음을 청결히 하라.
확고부동하라.

감각 대상들로부터 떨어져 있어라.
자아를 벗어나라.
탄생, 노화, 질병, 죽음이 있는 인간 성품의 나약함을 지각하라.

어느 것에도 노예가 되지 말라.
자식, 배우자, 집이나 여타의 것들과 동일시하지 말라.
고통스러운 것과 즐거운 것을 차분하게 마주하라.

흐트러지지 않는 가슴으로 나만을 사랑하라.
군중의 소란함과 쓸데없는 소동을 거부하라.
그대의 모든 생각들을 한적한 곳으로 돌려라.

멈추지 말고 아트만을 알기 위해 노력하라.
아트만 지식을 왜 그대가 구해야 하는지 분명히 이해하라.
이것들이 지식이며 이것들에 반하는 것은 무지이다."

79

모든 축복의 자질들의 저장고가 신이다.
항상 신을 숭배해야 한다.

이것은 영적 수련들의 수행을 통해 성취되는 상태이다.

이 상태에서는 신에 대한 끊임없는 묵상이 있다. 헌신자의 사랑하는 생각의 흐름은 아무 중단이나 산만함 없이 그를 향해 흐른다.

세상적인 것과 신성한 것 사이에는 더 이상 어떤 구분도 없다.

"모든 행동에서 브람만을 보는 자는 브람만을 발견한다." 그의 전체 삶은 신에게 바쳐지고, 각각의 행동은 신을 향한 그의 가슴의 헌신에 의해 유도된다. 그는 모든 걱정들과 근심들로부터 자유롭다.

80

사랑으로 이렇게 숭배를 받을 때,
신은 정말로 그 사람에게 내적 비전으로 곧 나타나
깨달음으로 축복한다[41].

이것은 사마디 즉 초월적 의식이라고 알려져 있다. 영적 눈이 뜨이고, 헌신자는 그 자신과 모두 안에서 신을 본다.

그는 신의 희열 안에 살고 지구상에 살아있는 동안 해방의 희열을 깨닫는다.

---

41 [옮긴이 주] 그와 같은 사마디의 결과로, 사랑하는 이의 내면의 비전에 그것은 그것의 영광으로 그 자신을 나타낸다.

81

진리[42]로 가는 세 길들 중
사랑의 길이 정말이지 최고이다.

이 지고한 사랑은 또한 지고한 지식이다.

---

42 [옮긴이 주] 진리는 과거에도 있었고, 현재에도 있고, 미래에도 있다. 그것은 변치 않고 늘 존재하고 있다. 그것만이 존재하고 있다. 그것이 실재이다. 기타 2장 16절 참조

82

사랑은 하나이지만,
11가지 방법들[43]로 표현된다.

1) 신의 영광들을 사랑[44]

2) 신의 모습을 사랑[45]

3) 신을 숭배하기를 사랑[46]

4) 신을 기억하기를 사랑[47]

5) 신에게 봉사하기를 사랑[48]

6) 신을 친구로 사랑[49]

7) 신을 아들로 사랑[50]

---

43 [옮긴이 주] 삼스카라에 따라 각 사람은 자신의 방식으로 신을 사랑한다.
44 [옮긴이 주] 나라다, 비야사, 슈카, 얏냐발키야, 세샤, 샨딜리야, 비슈마, 파릭쉬타 등은 신을 찬미할 때 끊임없는 기쁨을 발견한 이들. 신을 칭송하는 노래에서 기쁨을.
45 [옮긴이 주] 브린다반의 고피들은 크리슈나의 매혹적인 아름다움에 매료되었다. 단다카란야의 현자들은 신 라마의 신성한 아름다움에 매혹되었다.
46 [옮긴이 주] 왕 암바리샤, 여신 락슈미, 슈리 바라타 등은 신성한 나를 계속해서 숭배해서 그들 자신을 신성한 나에 잠기게 하였다.
47 [옮긴이 주] 프라흘라다, 드루바, 사나카 등은 신성한 나를 계속 기억하는데 증가하는 기쁨을 발견하였다.
48 [옮긴이 주] 라마에 대한 하누만의 봉사, 비두라, 아쿠라 등은 신의 봉사자였다.
49 [옮긴이 주] 크리슈나의 어린 시절의 친구인 웃다바, 아르주나는 친구로서 신을 사랑하였다.
50 [옮긴이 주] 양어머니 야소다와 크리슈나. 성모 마리아와 아기 예수. 이들은 그들의 사랑스러운 아들로 신성한 아트만을 사랑하였다.

수트라들 235

8) 신을 연인으로 사랑[51]

9) 신에게 복종하기를 사랑[52]

10) 신의 희열에 잠기기를 사랑[53]

11) 신과 조금의 분리도 고통을 느끼는 사랑[54]

사랑의 이 마지막 표현 즉 "그와 분리의 고통을 느끼는 것"은 신을 자신의 사랑하는 남편으로서 사랑하는 사람들의 삶의 특징이다.

이런 이별의 아픔이 느껴질 때, 또한 사랑하는 이와의 합일에 대한 더 큰 희열이 있다.

---

51 [옮긴이 주] 크리슈나의 여왕들은 남편으로 신을 사랑하였다. 브린다반의 고피들은 신을 그들의 지고한 연인으로 사랑하였다. 라다, 시타
52 [옮긴이 주] 신의 발, 의지에 완전히 복종하는
53 [옮긴이 주] 자신이 사라지고 신속으로 들어가는. 사나타쿠마라와 얏냐발키야, 명상가들은 이 방법으로 변형되었다.
54 [옮긴이 주] 신의 부재의 결과로 초래되는 극심한 고통이 사랑하는 자의 가슴에 있다. 신과 분리되는 매 순간을 참을 수 없는. 크리슈나가 브린다반을 떠났을 때, 고피들이 느꼈다.

83

다음의 사람들은 박티의 길의 위대한 스승들이라고 알려져 있다. 쿠마라[55], 비야사[56], 슈카[57], 샨딜리야[58], 가르가[59], 비슈누[60], 카운딘야[61], 세샤[62], 웃다바[63], 아루니[64], 발리[65], 하누만[66], 비비샤나[67] 등이 사랑의 길을 걸은 위대한 스승들이라고 알려져 있다.

(단지 몇을 예로 든 것에 불과하다. 기독교, 수피 신비가들, 불교 등의 종교에서 사랑의 길을 걸은 많은 사람들이 있다.)

---

55 [옮긴이 주] 성자 나라다의 스승. 창조자 브람마의 네 아들 중 하나. 그들은 높은 박티의 단계에 있었지만 아이 같은 순박한 모습에 늘 자리를 잡고 있었기에 이렇게 그려지고 있다.
56 [옮긴이 주] 베다들의 편찬자. 많은 푸라나들과 이티하사들의 저자이며 나라다의 제자.
57 [옮긴이 주] 비야사의 아들이자 제자. 그는 파릭쉬트 왕에게 자신의 아버지로부터 받은 슈리마드 바가바드 푸라나의 아주 감동적인 이야기를 이야기함. 어린 나이 때 비데하 묵티를 얻음.
58 [옮긴이 주] 샨딜리야 박티 수트라의 저자.
59 [옮긴이 주] 유명한 점성가. 신성한 화신 크리슈나라는 이름을 명명하는 의식을 행한 사제.
60 [옮긴이 주] 유지자 모습의 신인 비슈누를 언급하는 것 같음. 인류를 상승시키기 위하여 라마, 크리슈나 등의 모습으로 화신한 신으로 헌신자들의 가슴에 신성한 사랑을 일깨움. 현자 나라야나는 히말라야의 높은 곳에 있는 바드리카 아쉬람에서 헌신의 명상에 늘 잠겨 있다고 믿고 있음. 현자 나라야나에 대한 언급은 샨티파르바의 목샤다르마의 장에 있다. 나라야나는 박티 종파의 위대한 선구자이며 나라다의 스승들 중 한분이었다. 나라다는 크리슈나의 위대한 박타였다.
61 [옮긴이 주] 샨딜리야의 아들. 박티 요가의 위대한 권위자. 고대의 현자.
62 [옮긴이 주] 신화에 천의 머리를 하고 있는 파충류. 14개의 세상들을 떠받치고 있다고 함. 바가반 비슈누가 늘 누워 있는 파충류의 왕. 그는 우주적 마음의 화신이며 헌신의 길의 위대한 권위자. 파탄잘리는 세샤의 화신이라고 여겨짐. 아난타의 화신.
63 [옮긴이 주] 크리슈나의 가장 절친한 친구이자 제자. 크리슈나가 자신의 인간의 모습을 떠나기로 결정했을 때 크리슈나의 마지막 가르침을 받았다.
64 [옮긴이 주] 그의 전체 이름은 웃달라카 아루니로 찬도기야와 브리하단야카 우파니샤드에 언급되고 있는 위대한 현자.
65 [옮긴이 주] 자기 부정과 항복의 최고의 모범. 그는 원래는 세 세상들을 다스리는 악마의 왕이었다. 비슈누와의 친교로 위대한 박티 요기로 성장. 그의 마음을 헌신의 밧줄로 묶습니다.
66 [옮긴이 주] 라마의 제자이자 영원한 헌신자. 원숭이로 그려지고 있지만 사람임. 헌신과 봉사에서 아주 높은 경지에 이른 스승.
67 [옮긴이 주] 악마 라바나의 형제. 라마야나에 그의 이야기가 있음. 그는 가슴에서 변화를 경험하고 난 뒤 라마의 위대한 헌신자가 됨.

84

나라다가 말한 신성한 사랑에 대한 이 가르침을
믿고 따르는 사람은 누구나 신을 사랑하는 사람이 되고,
최고의 희열을 얻으며, 삶의 목표에 이른다.

'이 가르침에 대한 믿음'을 갖는다는 것은 물론 가르침이 그 사람의 삶에서 수행되어야 한다는 것을 의미한다.

나는 1894년 7월 31일, 스와미 비베카난다가 두 명의 미국인 헌신자들에게 쓴 편지를 인용하는 것보다 이 해설을 끝맺음하는 더 나은 방법은 없을 것이라고 생각한다.

그것은 박티 요가의 정신에 대해 내가 아는 가장 아름다운 표현 중 하나이다.

"... 적어도, 매일,
무한한 아름다움, 무한한 평화, 무한한 순수함으로 있는
영적 세계를 얼핏 보고,
밤낮으로 그 안에서 살려고 노력하라...

가슴 안에 그 왕좌가 있으며
사랑하는 사람의 발에 있는

'끊어지지 않는 줄'을
당신의 영혼이 밤낮으로 올라가게 하고,
나머지, 즉 육체와 다른 모든 것들은 스스로 돌보게 하라.

삶은 무상하고, 덧없는 꿈이다.
젊음과 아름다움은 희미해진다.
밤낮으로 말하라.
'당신은 저의 아버지, 저의 어머니, 저의 남편,
저의 사랑, 저의 주인, 저의 신이십니다.
저는 오직 당신만을, 오직 당신만을 원합니다…
당신은 제 안에, 저는 당신 안에…'

부는 가고, 아름다움은 사라지고,
생명은 달아나고, 능력은 날아간다.
하지만 신은 영원히 머무르고, 사랑은 영원히 머무른다.
기계를 잘 손질하는 것이 영광이라면,
영혼이 육체와 더불어 있으면서도
고통을 받지 않도록 하는 것은 더 영광스럽다.

문제를 내버려 두라.
그것은 당신의 '문제가 아님'에 대한 유일한 증거이다.

신을 고수하라!
육체나 다른 어떤 것에 무슨 일이 생긴다고
누가 신경 쓰겠는가!

악의 공포를 통해, 말하라.
저의 신이시여, 저의 사랑이시여!
죽음의 고통을 통해, 말하라.
저의 신이시여, 저의 사랑이시여!
태양 아래 모든 악들을 통해 말하라.
저의 신이시여, 저의 사랑이시여.
당신은 여기에 계시고, 저는 당신을 봅니다.
당신은 저와 함께 계시고, 저는 당신을 느낍니다.
저는 당신의 것이니, 저를 취하십시오.
저는 세상의 것이 아니라 당신의 것입니다,
그러니 저를 버리지 마십시오.

다이아몬드 광산을 두고 유리구슬로 가지 않게 하소서!
이 삶은 큰 기회입니다.
세상의 즐거움들을 찾는 그대여!
그분께서는 모든 희열의 원천이다.
가장 높은 것을 추구하고, 그 높은 것을 목표로 하라.
그러면 그대는 가장 높은 것에 도달할 것이다."

하리 옴 탓 삿

옮긴이의 글

김병채(크리슈나다스) (1948. 2. 23 -)

경상북도 포항에서 태어나다. 1972년 경북대학교를 졸업하고 난 뒤 다수의 직업을 거친 후 서울의 대기업에서 근무를 하다. 직장의 일보다는 신을 만나고자 하는 염원이 늘 가슴에 있었다.

어느 날 회사로 돌아가는 길에 명동 성당에 들러 성모상 앞에서 기도를 하였다. "신을 보는 삶을 주소서. 그렇지 않다면 이 삶이 무슨 소용이 있습니까? 그럴 수 없다면 저의 생명을 거두어주소서."라고 기도한 적도 있었다.

회사 생활은 나의 길이 아니라는 생각이 들어서 회사를 그만두었다. 무엇을 할 것인지는 몰랐다. 이 생활은 아니라는 것을 느꼈을 뿐이다. 우선 충남에 있는 수덕사 근처에서 생활했다. 덕산 성당 신부님으로부터 신학교에 들어갈 것을 권유받았지만, 신을 만나고픈 열정이 더 강했다. 그곳에서 몇 개월 지내다 서귀포로 가서 약 2년간 생활하였다. 부산으로 가서 대학교 강사 생활을 몇 년 하다가 창원에 있는 국립대학교 교수가 되었다. 가르치다가 명상을 배워야 되겠다는 생각이 일어났다. 그래서 송광사 주위의 암자에 기거하기도 하였다. 법정 스님에게 제자로 받아달라는 부탁을 드리기도 하였다.

성당 고해소 신부님에게 "신이 어디에 계십니까?"고 질문을 하다. 신부님은 "산과 들에 있지요."라는 답을 듣다. 세상에 산과 들이 얼마나 많은 데 하는 생각이 들어서 절망을 느끼다.

1988년 말 붓다가 태어난 곳인 인도로 명상을 배우러 갔다. 켈커타에서 마더 데레사의 축복을 받기도 했다. 비파사나 아케데미에서 명상을 하다가 마음 너머에 있는 것을 경험했다. 거기에는 찬란한 무엇이 있었다. 그곳의 성자분이 그것을 사마디 즉 초의식이라고 하셨다.

봄베이의 한 요가 연구소에서 외국풍의 연구원에게 인도에서 가장 성스러운 곳을 물었다. 그는 "티루반나말라이에 있는 아루나찰라 산입니다. 거기에 라마나 아쉬람이 있습니다."라는 대답을 들었다. 라마나는 신이라는 애칭을 가졌으며 동물들과도 대화를 나누시는 분이셨다. 이미 돌아가셨다. 라마나가 예수의 화신이라는 사람들도 있었으며 본인께서도 이를 부정하지 않으셨다고 한다.

말로의 대화가 없는 곳이다. 아름다운 아루나찰라 산자락에 고요만이 있었다. 그곳으로 순례를 온 스승과 한 무리의 제자들도 말을 하지 않는다. 눈을 마주하는 것이 전부다. 많은 것을 느끼게 하였다. 그곳에서 한 달 정도 머물렀다.

북인도의 갠지스 강가인 하리드와르에서 라마나 마하리쉬의 제자 파파지를 만나 대화를 나누었다. 그분이 말씀하시는 요지는 마음이 나가 아니라는 것이었다. 나는 그것을 이해했다. 그래서 나는 마음을 내려놓았다. 그러자 순식간에 이 현상계를 벗어나 빛이 끝없이 펼쳐진 하늘로 갔다. 다시 돌아온 역자에게 "그것이 깨달음입니다. 그대는 붓다입니다. 찾을 것이 더 없습니다. 당장 고국으로 돌아가십시오."라고 말씀하셨다. 파파지의 전기에 의하면 그분께서는 과거에 두 번 아시시에서 신부로 지냈다는 글이 있었다.

고국으로 돌아와 정기적으로 티루반나말라이에 있는 라마나 아쉬람을 방문하다. 2016년 저녁 찬송을 하다가 또 마음 너머로 가다.

빛의 하늘에 이르는 길을 이해하고 정리하고 싶은 마음에서 다수의 책들을 번역하였다. 스승 파파지와 라마나 마리쉬의 책들을 비롯하여 바시슈타 요가, 바가바드 기타 등이었다. 창원에 슈리 크리슈나다스 아쉬람을 열고 소수의 사람들과 대화의 장인 삿상을 열고 있다.

2025년 4월

용어풀이

가야트리Gayatri. 신성한 베다 만트라. "우리가 고매하며, 온 세상을 낳으신 그의 눈부신 빛에 대해 명상하기를. 우리가 우리의 지성의 빛이 선의 길을 향하게 하기를." 가야트리 만트라를 주재하는 신.

가우니 박티gauni bhakti. 궁극적으로 신에 대한 지고의 사랑으로 이어지는 준비적 헌신. 파라 박티를 참조하라.

갸나jnana. 지식. 궁극적 실재에 대한 지식. 아트만과 브람만이 하나라는 초월적 깨달음.

갸나 요가jnana yoga. 요가를 참조하라.

갸니jnani. 비인격적 실재에 도달하기 위해 지식과 분별력의 길을 따르는 사람. 비이원주의자. 브람만을 아는 자.

고피gopi. 브린다반의 우유 짜는 여인. 고피들은 슈리 크리슈나의 동반자이자 헌신자였다. 가장 강렬한 신성한 사랑의 전형. 슈리 라마크리슈나는 그들이 이전의 화신에서 성자 또는 선지자(리쉬)들이었다고 여겼다.

구나guna. 샷트바, 라자스, 타마스라는 세 가지 유형의 에너지 중 하나. 세 개의 구나는 마음과 물질의 우주를 구성한다. 구나들이 완벽한 균형을 이룰 때, 창조, 표현, 또는 현현은 없다. 균형이 흐트러지면 창조가 일어난다.

구루guru. 영적 스승. 이상적으로, 자격이 있는 구루는 깨달은 영혼 또는 종교적 길에서 상당히 진보된 자이다. 스와미 비베카난다는 말했다. 구루는 경전의 정신을 알아야 한다. 그는 죄가 없어야 한다. 그리고 그는 이름, 명성 또는 부에 대한 욕망을 가지지 않고 이기심 없이 가르쳐야 한다. 유능한 구루는 그의 제자의 영적 삶에 대한 책임을 지고 그를 구원으로 이끈다.

기타Gita. 바가바드 기타를 참조하라.

나Self. 아트만. (소문자) 자아.

나렌Naren. 비베카난다를 참조하라.

나티바디nativadi. 문자 그대로, "말을 너무 많이 하지 않는 사람." 우파니샤드에서 나티바디는 깨달은 영혼의 특징을 나타낸다. 샹카라는 "겸손하고 그 자신을 주장하지 않는 사람"이라는 의미로 그 단어를 설명한다.

니르바나nirvana. 개별적 또는 덧없는 자아의 브람만에게로의 소멸 또는 흡수라고 특징지어지는 영적 깨달음 또는 초월적 의식 상태.

니르비칼파 사마디nirvikalpa samadhi. 영적 수행자가 브람만에게 완전히 흡수되어 모든 이원성의 감각이 지워지는 초월적 의식 상태를 나타내는 베단타 철학의 용어.

다스야dasya. 주인에 대한 하인의 태도 또는 부모에 대한 아이의 태도 같은 신을 향한 헌신자의 태도.

달샨darshan. 문자 그대로, "보는 것, 경험하는 것". 의식상의 방문에 의해 신성한 장소 또는 사람에게 경의를 표하는 것. 또한 거룩함의 존재에서 느껴지는 축복 또는 정화.

딕샤diksha. 구루에 의한 수행자의 영적 삶으로의 입문.

라마Rama. 힌두교의 가장 유명한 신성한 화신들 중 하나, 아요디야의 왕, 그리고 라마야나(인도의 가장 유명한 서사시 중 하나)의 영웅.

라마크리슈나Ramakrishna. 1836-1886, 독특한 영적 능력을 가진 신-인간. 슈리 라마크리슈나는 갠지스 강둑에 있는 사원에 살면서 캘커타 근처에서 그의 대부분의 성년을 보냈다. 기독교와 이슬람교를 통해서 뿐 아니라 힌두교 내에서의 다양한 길을 통해 신과의 합일을 깨달은 후, 슈리 라마크리슈나는 그의 헌신이 임무와 동일하기만 하다면, 어떤 종교의 추종자라도 궁극적 실재를 알 수 있다고 선언했다. 이미 그의 생애 동안, 슈리 라마크리슈나는 신성한 숭배를 부여받았다. 세상을 떠난 후, 그는 신의 화신으로서 널리 인정받았다. 슈리 라마크리슈나의 이름으로, 인간에게 있는 신에 대한 봉사뿐만 아니라 신-깨달음에 전념하는 수도회가 설립되었다.

로카loka. 존재의 영역 또는 차원.

릴라lila. 말하자면, 똑같은 배우 즉 신이 모든 역할을 맡는 신성한 놀이. 전체 우주는 그의 즐거움을 위한 스포츠로서 그에 의해 창조되었다고 한다. 릴라의 특별한 현현은 아바타이다. 그러나 릴라는 시간, 장소, 인과관계로 구성된 상대성을 의미한다.

마다바Madhava. 문자 그대로, "다정한 이," 신의 이름.

마두라madhura. 아내 또는 사랑하는 자가 남편 또는 사랑받는 자에게 하는 것과 같은 신에 대한 태도.

마야maya. 베단타 철학의 보편적 원리. 마음과 물질의 기초. 마야는 브람만의 능력이다. 열이 불과 분리할 수 없는 것처럼, 이런 의미에서 마야는 브람만과 분리할 수 없다. 합일된 브람만과 마야는 우주를 창조하고, 유지하고 분해하는 인격적 신을 구성한다. 또 다른 의미에서, 무지 또는 우주적 환영처럼, 마야는 브람만에 대한 중첩이다. 마야는 브람만에 대한 인간의 비전을 가리는데, 그 결과 인간은 하나의 실재 대신 여러 개의 우주를 인식한다. 마야는 두 가지 측면을 가지고 있다. 아비디야(무지)와 비디야(지식). 아비디야-마야는 사람을 더 큰 세상성과 속박으로 이끌고 열정과 갈망으로 표현된다. 비디야-마야는 인간을 브람만의 대한 깨달음으로 이끌고 영적 미덕으로 자신을 표현한다. 비디야와 아비디야는 둘 다 상대성(시간, 장소, 인과관계) 안에 있다. 사람은 절대적 존재인 브람만을 깨달을 때, 사람은 비디야와 아비디야를 초월한다.

마하바라타Mahabharata. 바가바드 기타를 포함해서 100,000개의 2행 연구로 이루어져 있는 아마도 세상에서 가장 긴 서사시. 가장 초기에 지어진 것은 늦어도 기원전 5세기로 추정된다. 베다의 진리에 대해 자세히 설명하고 실증하면서, 마하바라타는 바라타 왕의 후손들 즉 판다바족과 카우라바족의 이야기를 들려준다. 서사시의 저명한 저자인 비야사에 따르면, 판다바족과 카우라바족 사이의 왕조 전쟁은 단지 기회를 제공할 뿐, 마하바라타의 목적은 신의 영광을 노래하는 것이다.

마하바바mahabhava. 신성한 사랑의 최고 현현.

만트라mantra. 또한 만트람mantram. 제자의 선택된 이상에 해당하는 신의 특별한 이름. 그것으로 제자는 그의 구루에 의해 영적 삶으로 입문된다. 신과 하나라고 여겨지는 만트라는 그의 제자에 대한 구루의 가르침의 본질을 나타내는데, 그 제자는 그것을 신성시하면서 비밀로 유지하고, 그것이 상징하는 신의 양상에 대해 그의 남은 일생 동안 명상하라는 명을 받았다. 반복적이고 경건하게 수행되는 만트라의 반복(자파)은 마음의 정화와 궁극적으로 신 깨달음의 결과를 낳는다. 신성한 말, 시 또는 베다 찬가.

모하moha. 망상

목샤moksha. 신과의 합일 또는 궁극적 실재에 대한 지식을 통한 카르마와 환생으로부터의 즉 모든 세상적 속박으로부터의 최종적 해방.

바가바드 기타Bhagavad-Gita 또는 Gita. 문자 그대로, "신의 노래", 이것은 힌두교의 복음서이다. 기원전 5세기와 2세기 사이로 거슬러 올라가고 18장으로 구성되는 기타는 마하바라타의 일부이다. 그것은 신성한 화신 슈리 크리슈나와 그의 친구이자 제자인 아르주나 사이의 대화 형식으로, 지식, 헌신, 이기심 없는 일, 그리고 명상의 길을 통해 지고의 실재와의 합일을 성취하는 법을 가르친다.

바바bhava. 성숙한 박티.

바이라기야vairagya. 초연함, 금욕.

바트살야vatsalya. 부모가 아이를 향한 것과 같은 신을 향한 헌신자의 태도.

박타bhakta. 신의 헌신자.

박티bhakti. 신에 대한 헌신.

박티 요가bhakti yoga. 헌신의 길; 네 가지 주요 요가 또는 신과의 합일로 가는 길들 중의 하나. 개인적 존재로서 –종종 신성한 화신으로서– 신의 많은 양상들 중의 하나에 대한 사랑을 함양한 후 숭배자는 궁극적으로 그의 선택된 이상에 자신의 자아를 합친다.

베다들Vedas. 정통파에 의해, 직접적인 신의 계시와 모든 종교적 문제에 있어서 최고의 권위라고 여겨지는 힌두교의 가장 오래된 경전. 각각 의식 또는 "일" 부분과 철학적 또는 "지식" 부분으로 구성된 네 개의 베다 –리크, 사마, 야주스, 아타르바– 가 있다. 각각의 지식 부분이 우파니샤드를 구성한다.

베단타Vedanta. 문자 그대로, "베다의 끝." 베다(우파니샤드)의 후반부 또는 지식 부분의 가르침으로부터 진화된 종교 철학. 이런 의미에서, 그것은 인도의 모든 종교 분파의 공통적인 기반이다. 이원론적, 자격을 갖춘qualified 비이원론적, 다원론적, 실재론적, 비이원론적인 그것의 모든 다양한 음영을 통해, 베단타는 사람의 삶의 목적이 영적 수련을 통해 지금 여기에서 궁극적 실재 또는 신성을 깨닫는 것임을 가르친다. 베단타는 그것들을 하나의 실재의 현현이라고 여기면서, 모든 위대한 영적 스승들, 그리고 여러 종교들에서 숭배 받는 신성의 인격적 또는 비인격적 양상을 받아들인다. 모든 종교들의 근원에서 본질적인 합일을 보여줌으로써, 베단타는 그 안에서 모든 영적 진리가 표현될 수 있는 틀로서 작용한다. 베단타는 정확한 것은 아니지만 종종 힌두교라고 불리는데, 그것은 처음에 페르시아인들이 인도 주민들에게 사용했던 단어로 그들이 신두 즉 인더스 강의 저편에 살았기 때문이다.

브람마난다, 스와미 Brahmananda, Swami. 후에 그의 영적 아들이라고 알려지게 된 슈리 라마크리슈나의 수도원 제자, 라칼 찬드라 고쉬, 1863-1922, 그는 수년 동안 라마크리슈나 수도회의 수장이었다. 위대한 성자와 영적 스승. 그는 많은 사람들의 삶과 성격을 변화시켰다.

브람마차리 brahmachari. 수도사 서약을 한 영적 수행자. 베다의 가르침에 따라 인생의 네 가지 단계 중 첫 번째를 준수하기 위해 금욕과 다른 종교적 수련에 헌신하는 개인.

브람만 Brahman. 비인격적 절대적 존재 또는 신성, 모든 것에 퍼져 있는 베단타 철학의 초월적 실재. 마야 또한 참조하라.

브람민 brahmin. 브람민 카스트를 말한다. 기타에서 설명하는 것처럼, 카스트의 개념은 인간의 카르마와 지배적인 구나에 의해 결정되는 자연스러운 질서를 의미한다. 브람민 카스트는 사제, 판디트, 철학자, 종교적 지도자를 포함한다.

비나 vina. 울림통이 큰 인도의 현악기로, 하나의 나무 조각으로 조각된 그릇 모양의 몸체와, 밑면에 부착된 박이 있는 끝 쪽까지 아래로 구부러진 긴 목을 가지고 있다.

비디야 vidya. 지식. 마야를 참조하라.

비베카난다, 스와미 Vivekananda, Swami. 나렌드라나트 닷타, 1863-1902, 슈리 라마크리슈나의 수도원 제자이자 주요 사도. 그는 나렌 또는 나렌드라로, 그리고 나중에는 스와미지로 알려졌다. 그는 1893년에 시카고의 세계 종교 의회에서 힌두교를 대표했고, 1899년에는 강연을 하고 베단타 센터들을 설립하며 두 번째로 서양에 갔다. 그는 수도원 단체(the Ramakrishna Math)의 지도자였고 라마크리슈나 미션을 설립했다. 비베카난다는 지금 이 현대에 베단타의 통역사였다고 여겨진다. 하지만 그 이상으로, 그는 모든 존재에게 있는 신의 숭배에 헌신하는 최고의 성자였다.

비슈누Vishnu. 문자 그대로, "모든 곳에 퍼져 있는 것". 힌두교 삼위일체 중의 하나인 유지하는 자로서의 신. 비슈누의 여러 형태들 중에서, 친숙한 것은 원반, 곤봉, 소라껍질, 연꽃을 들고 있는 것으로 보이는, 네 개의 팔을 가진 양상이다. 아바타의 교리에 따르면, 비슈누는 세상의 이익을 위해 필요할 때 지구상에 나타난다.

사다나sadhana. 영적 규율의 수련.

사라다 데비Sarada Devi. 거룩한 어머니라고도 알려진 사라다마니 묵코파디야야, 1853-1920, 슈리 라마크리슈나의 아내. 그들의 결혼 생활은 가장과 수도사 생활방식의 가장 높은 이상을 보여주는 중단되지 않는 금욕을 특징으로 한다. 거룩한 어머니는 소박한 시골 여인으로 변장하여 그녀의 비범한 영적 재능을 숨기려고 했지만, 그녀는 심지어 살아있는 동안에도 신성한 어머니의 화신으로 숭배를 받았다.

사마디samadhi. 사람이 그와 궁극적 실재와의 동일시를 경험하는 초의식 상태. 흡수, 마음이 명상 대상의 형태를 취하는 라자 요가의 여덟 번째 갈래. 그것은 파탄잘리에 의해 "대상의 진정한 성품이 인식하는 자의 마음에 의해 왜곡되지 않고 빛을 발하는" 상태라고 정의된다.

사비칼파 사마디savikalpa samadhi. 주체와 대상 사이의 구분이 지속되는 초월적 의식의 첫 번째 단계. 이 상태에서 영적 수행자는 형태가 있거나 또는 형태가 없는 인격적 신에 대한 비전을 가질 수도 있다.

사이클cycle(산스크리트로 유가yuga). 힌두교 신화에 따라 세상의 지속 기간을 나누는 네 가지 시대 중 하나. 첫 번째 시대에는 정의가 우세하지만, 따라오는 각각의 시대에 미덕은 줄어들고 악이 증가한다. (세상이 지금 거쳐 가고 있다고 말해지는) 네 번째 시대의 마지막에는 전체 주기가 첫 번째 시대부터 다시 시작한다.

사키야sakhya. 친구가 친구에게 하는 것과 같은, 신을 향한 헌신자의 태도.

산디야sandhya. 정통 힌두교도들에 의해 새벽, 정오, 일몰 때 수행되는 예배와 명상.

산야스sannyas. 자신의 완전한 금욕의 수련과 지고의 실재에 대한 지식의 습득에 전념하는 수도사의 삶. 수도사 수행자가 금욕의 마지막 서약을 하는 입문. 또한 그런 서약을 한 사람의 지위.

삼스카라samskara. 행동이나 생각의 결과로 개인의 마음에서 만들어지는 인상, 성향 또는 잠재력. 인간의 삼스카라의 총합은 그의 성격을 나타낸다. 카르마 또한 참조하라.

삿 칫 아난다 Sat-chit-ananda. 절대적 존재, 절대적 의식, 절대적 희열. 브람만의 묘사.

삿트바sattva. 순수함과 조화의 특성. 구나를 참조하라.

샥티Shakti. 우주의 어머니로서의 신. 태고의 에너지 또는 브람만의 힘의 의인화. 쉬바가 브람만(초월적 절대자, 또는 신성의 아버지 양상)을 나타낸다는 것과 비교해서, 그녀는 우주를 창조하고, 유지하고, 분해하는 신성의 동적인 양상이다.

샨타shanta. 신이 가깝게 느껴지지만 그와 숭배자 사이에는 어떤 확실한 관계도 수립되지 않는 평화와 평온의 태도.

샹카라Shankara, 또한 **샹카라차리야**Shankaracharya. 인도의 가장 위대한 철학자-

성자들 중의 한 명으로 비이원적 베단타의 주요 주창자. 그에게 지정된 연대는 6세기부터 8세기까지 다양하다. 32년이라는 그의 짧은 생애 동안 샹카라는 오늘날에도 여전히 존재하는 수도원 교파 체계를 조직했다. 그의 엄청난 문학적 산출물에는 베단타 수트라, 주요 우파니샤드, 그리고 기타에 대한 해설, 두 개의 주요 철학 작품인 우파데샤사하스리와 비베카추다마니, 그리고 많은 시, 찬가, 기도와 베단타에 대한 작은 작품들이 포함된다.

선택된 이상Chosen Ideal(산스크리트로 이슈타). 영적 수행자가, 또는 그의 스승이 그를 위해 선택한 신성의 양상. 그의 선택된 이상에 대한 명상을 통해, 수행자는 점차적으로 마음의 집중, 신의 사랑, 그리고 궁극적으로 깨달음을 얻는다. 또한 만트라를 참조하라.

수타상히타Sutasamhita. 베다 만트라 또는 찬가들 모음.

쉬바Shiva. 힌두교의 삼위일체 중 하나인 분해하는 자의 양상에서의 신. 선택된 이상으로서 숭배 받을 때, 쉬바는 완전한 신성, 지고의 실재로 여겨진다. 그의 힘과 관련해서 신(샥티)의 동적인 창조적 어머니 양상의 쉬바는 초월적 절대자 또는 아버지 양상이다. 쉬바는 또한 모든 구루들의 구루 – 세상성의 파괴자, 지혜를 주는 자, 금욕과 연민의 전형– 로서 숭배 받는다.

슈랏다shraddha. 구루와 경전의 말에 대한 믿음.

슈리Sri. "존경받는" 또는 "거룩한"의 의미. 신이나 거룩한 인격, 또는 신성한 책에 수여하는 접두사로서 사용된다. 영어의 "Mr."에 해당하는 힌두어. 신성한 어머니 락슈미의 이름.

슈리마드 바가바탐Srimad Bhagavatam. 세계의 위대한 종교적 고전 중의 하나로, 거기에 있는 슈리 크리슈나와 초기 현자들에 대한 전설들은 베다의 진리를 대중에게 널리 알린다.

싯다siddha. 완벽해진 영혼. 신비한 능력을 가진 사람. 반신의 영.

아바타avatar. 신성한 화신. 힌두교 믿음에 의하면, 신은 잊혀진 종교의 진리를 다시 세우고 그의 살아있는 예를 통해 그 자신에게 올라가는 법을 인류에게 보여주기 위해 다양한 시대에 한정된 이름과 형태로 내려온다.

아비디야avidya. 무지. 철학적으로 말하자면, 아비디야는 개인의 무지이고 마야는 우주적 무지이다.

아차리야acharyas. 영적 스승들. 이 단어는 때때로 존경받는 종교적 지도자의 이름에 붙여진다: 예를 들어, 샹카라차리야.

아트만Atman. 영 또는 나. 신성의 내재된 양상.

안타리야민Antaryamin. 내면의 지도자와 안내자. 지고의 영의 별칭.

옴Om. 때로는 Aum으로 표기된다. 신의 인격적 양상인 로고스뿐만 아니라 비인격적 절대자를 나타내는 신성한 음절. 옴은 모든 현현을 만들어낸 분화되지 않은 단어이다. 그것의 의미에 대한 명상과 함께 옴을 반복하는 것이 효과적인 영적 수련으로서 처방된다.

요가yoga. 결합하거나 합치는 행위. 개별적 영혼과 신성의 합일. 그런 합일을 성취하는 방법. 몇 가지 방법에는 헌신의 길인 박티요가, 영원한 것과 영원하지 않은 것 사이의 분별력의 길인 갸나 요가, 이기심 없는 행위의 길인 카르마 요가, 그리고 명상의 길인 라자 요가(마음의 통제에 의해 최고의 의식과 세상적 속박으로부터 최종적 해방을 얻는 수단)가 포함된다.

우파니샤드들Upanishads. 베다의 철학적 부분을 구성하는 신성한 경전. 우파니샤드는 신에 대한 지식을 가르치고 고대 인도 현자들의 영적 경험을 기록한다. 우파니샤드가 네 개의 베다 각각을 끝냈기 때문에, 그것들은 베단타 – 베다의 안타anta 또는 "끝"–라고 알려지게 되었다.

이슈와라코티shvarakoti. 영원히 자유롭고 완벽한 영혼들의 부류에 속하고, 인류를 위해 지구에 태어난 사람. 슈리 라마크리슈나에 따르면, 이슈와라코티는 아바타의 몇 가지 특성을 가지고 있다.

이슈타Ishta. 선택된 이상을 참조하라.

입문initiation. 영적 삶의 시작을 상징하는 의식(산스크리트로 딕샤). 입문 동안 구루는 그의 제자에게 영적 수련, 더 자세하게는 만트라에 대한 구체적 지시를 내린다. 딕샤의 일반적 형태는 만트라에 의한 것이다. 아바타 또는 이슈와라코티에 의해서만 주어지는 딕샤의 다른 두 가지 형태는 단순한 소망, 시선, 또는 구루의 접촉에 의해 영향 받는다. 입문은 또한 수도원의 생활 즉 브람마차리야 또는 산야스의 삶으로의 수용 의식을 의미하기도 한다.

자파japa. 또한 **자팜japam.** 신의 이름들 중 하나, 보통은 자기 자신의 만트라를 반복하는 수련. 필요한 양을 세는 것을 용이하게 하기 위해 묵주가 사용될 수 있다.

지반묵타jivanmukta. 물리적인 육체로 살아있는 동안 신과의 합일을 통해 카르마와 환생으로부터 해방을 얻은 사람.

차이탄야Chaitanya. 1485년 벵골에서 태어난 힌두교의 위대한 종교적 인물들 중 한 명. 벵골 비슈누파에 의하면, 슈리 차이탄야는 크리슈나의 신성한 화신이었다. 신에 대한 그의 황홀한 사랑은 카스트, 교리와 관계없이 죄인과 성자들을 포용했다. 슈리 차이탄야는 영적 수련으로서의 자파를 역설하면서 신 깨달음으로 가는 방법으로서의 박티요가를 강조했다.

찬디Chandi. 신성한 어머니를 찬양하는 성스러운 글.

카르마karma. 정신적 또는 육체적 행위. 이번 생애와 지난 생애에서의 개인의 행동의 결과. 도덕적 세계에서 작용하는 원인과 결과의 사슬.

카르마 요가karma yoga. 요가를 참조하라.

칸타kanta. 문자 그대로는 "남편". 아내 또는 사랑하는 자가 남편 또는 사랑받는 자를 향한 것과 같은 신을 향한 헌신자의 자세.

칼리Kali. 신성한 어머니의 이름. 칼리는 보통 영의 초월적 양상을 상징하는 그녀의 남편인 비활성의 쉬바의 가슴에서 춤을 추는 것으로 그려지지만, 그녀는 동적인 양상, 원초적 에너지를 상징한다. 잘린 팔들로 된 끈과 해골 목걸이를 차고 있는 칼리는 아래쪽 왼손에는 피 흘리는 악마의 머리를, 위쪽 왼손에는 칼을 들고 있다. 그녀는 위쪽 오른손으로는 두려움 없음의 표시를 하고, 아래쪽 오른손으로는 무지를 파괴하고, 세상 질서를 지키고, 신 깨달음을 갈망하는 자들을 축복하고 해방하는 축복을 내린다. 칼리는 닥쉬네스와르에 있는 유명한 사원의 신이고, 슈리 라마크리슈나에게 여러 해 동안 그곳에서 숭배받았다.

타마스tamas. 문자 그대로, "어둠". 구나를 참조하라.

투리야Turiya. 초의식, 문자 그대로, 세 가지 일상적인 의식 상태 – 그것이 초월하는 깨어있음, 꿈, 꿈이 없는 잠– 와 비교해서 "네 번째 것."

트리푸티 베다triputi bheda. 주체, 대상, 지식의 과정으로 이루어진 지식의 세 개의 매듭을 푸는 것. 세 개의 매듭이 풀릴 때, 영적 수행자는 통합된 의식을 얻는다.

파라 박티para bhakti. 신에 대한 지고의 사랑.

푸라나Purana. 문자 그대로, "고대의". 비야사에게 기인하는, 힌두교의 열여덟 권의 성스러운 책들 중의 하나로, 그것은 역사적이든 신화적이든, 신성한 화신, 성자, 왕, 헌신자들의 삶의 예를 통해 베다의 영적 진리를 자세히 설명하고 많은 사람들에게 알린다.

푸루샤Purusha. 샹키야 철학에 의해 가정된 두 가지 궁극적 실체 중 하나. 푸루샤는 나, 절대적 존재, 영, 순수한 의식을 나타낸다. 그것은 프라크리티 변화의 목격자이다.

프라랍다 카르마prarabdha karma. 현재 생애에서 결실을 맺기 시작한, 지난 생애로부터 축적된 카르마 중의 일부로, 그것은 소진되어야 한다.

프라사드prasad. 신 또는 성자에게 의식상으로 바쳐진 음식이나 여러 선물.

프라크리티prakriti. 샹키야 철학에 의해 가정된 두 가지 궁극적 실체 중 하나. 프라크리티는 태고의 성품을 나타낸다. 그것은 세 가지 구나들로 구성되고 우주의 물질을 구성한다. 푸루샤에 대한 근접성으로 인해, 프라크리티는 마음과 물질의 세계로서 진화한다.

프레마prema. 신에 대한 황홀한 사랑.

하리 옴 탓 삿Hari Om Tat Sat. 문자 그대로, "그것이 존재이다". 신의 존재를 불러내기 위해 사용되는 신성한 음절.

해방liberation. 목샤를 참조하라.

호마homa. 베다 시대부터 시작된 의식으로, 그 의식에서는 경전의 명에 따라 만들어진 불에 공물이 바쳐진다. 불은 숭배 받는 신의 눈에 보이는 현현이리고 여겨진다. 호마는 내적 정화 의식으로, 그 마지막에 헌신자는 그의 모든 생각, 말, 행동, 그리고 그것들의 결실을 신에 대한 정신적 공물로 바친다.

참고도서

Aphorisms on the Gospel of Divine Love or Narada Bhakti Sutras. Swami Tyagishananda 해설과 번역. 마드라스: Ramakrishna Math, 1955.

Bhaktiprasanga (벵골어). Swami Vedantananda. 캘커타: Model Publishing House.

The Holy Bible.

The Gospel of Sri Ramakrishna, Swami Nikhilananda 번역. 뉴욕: Ramakrishna-Vivekananada Center, 1942.

Gospel of Ramakrishna. M의 영어 원문을 Swami Abhedananda가 개정. 뉴욕: Vedanta Society, 1947.

Inspired Talks, Swami Vivekananda. 마야바띠: Advaita Ashrama.

Bhagavad-Gita: Song of God. Swami Prabhavananda와 Christopher Isherwood 번역. 할리우드: Vedanta Press, 1951; 뉴욕: New American Library, 1954.

The Upanishads. Swami Prabhavananda와 Frederick Manchester 번역. 할리우드: Vedanta Press, 1947; 뉴욕: New American Library, 1957.

Ramakrishna and His Disciples, Christoper Isherwood. 뉴욕: Simon and Schuster, 1965.

Vivekachudamani-Shankara's Crest-Jewel of Discrimination. Swami Prabhavananda와 Christopher Isherwood 번역. 할리우드: Vedanta Press, 1947; 뉴욕; New American Library, 1970.

Srimad Bhagavatam: The Wisdom of God. Swami Prabhavananda 번역. 뉴욕: G. Putnam and Co., 1943.

The Way of a Pilgrim and the Pilgrim Continues His way. R.M. French 번역. 런던: Society for Promoting Christian Knowledge, 1965.

How to Know God, the Yoga Aphorisms of Patanjali. Swami Prabhavananda와 Christopher Isherwood의 새 해설로 번역. 할리우드: Vedanta Press, 1953; 뉴욕: New American Library, 1969.